CHRONIK DES UNTERGANGS

IST ES FÜR UNS WIRKLICH ERST 5 VOR 12?

Bibliografische Information: Die Deutsche Nationalbibliothek verzeichnet diese Publikation in der Deutschen Nationalbibliografie. Detaillierte bibliografische Daten sind im Internet über http://dnb.d-nb.de abrufbar.

Umschlaggestaltung und Layout:
Bernd Kasper / Scarlet Arian

Herstellung und Verlag:
BoD - Books on Demand, Norderstedt

1. Auflage 2019
Copyright © 2019
alle Rechte vorbehalten

ISBN 978-3-748128-54-0

Ramin Peymani

Chronik des Untergangs

Ist es für uns wirklich erst 5 vor 12?

Mit einem Gastbeitrag von

Matthias Matussek

und einem Schlusswort von

Vera Lengsfeld

Der Furchtsame erschrickt vor der Gefahr, der Feige in ihr, der Mutige nach ihr.

Johann Paul Friedrich Richter, deutscher Dichter, Publizist und Pädagoge
(1763-1825)

Vorwort
Die Uhr tickt

Die Spaltung Europas ist weit vorangeschritten. Sie lässt sich überall mit Händen greifen. Wo immer wir in diesen Tagen hinschauen, erleben wir, wie sich unterschiedliche politische Auffassungen unversöhnlich gegenüberstehen. Das unwürdige Gezerre um den Austritt Großbritanniens aus der Europäischen Union, der unseriöse Schuldenkurs Italiens, die Anti-Brüssel-Allianz osteuropäischer Staaten und die Reibereien rund um die Errichtung der von den Südländern geforderten Euro-Transferunion sind nur einige Beispiele dafür, wie schlecht es um ein gedeihliches Zusammenleben auf unserem Kontinent bestellt ist. Aber auch die Gesellschaften in den Staaten Europas sind zerrissen. Die Eckpfeiler der Demokratie bröckeln.

Nach den Gründen muss man nicht lange suchen: Es ist in erster Linie die Migrationspolitik der sogenannten Eliten, die viele Menschen auf die Barrikaden getrieben und die politischen Lager gegeneinander aufgebracht hat. Wie kein anderes Thema zuvor, hat die Zuwanderung der letzten Jahre, die in ihrem Wesen eine arabisch-orientalische Völkerwanderung ist, die europäischen Nationen gespalten. Der Riss entzweit ganze Familien, zerstört langjährige Freundschaften und zieht sich durch alle gesellschaftlichen Schichten. Das Vertrauen in den Staat schwindet, wozu ein Brüsseler Zentralapparat beiträgt, der nationale Parlamente zu Befehlsempfängern degradiert.

Längst werden die wichtigsten Entscheidungen in europäischen Nachtsitzungen der Staats- und Regierungschefs gefällt, nicht selten in noch kleineren Runden. Zwar wird der Kungelclub mittlerweile von Österreich, Italien und einigen osteuropäischen Ländern ein wenig aufgemischt, doch lassen sich die EU-Granden in ihrer Selbstherrlichkeit davon kaum beirren. Das Europäische Parlament, das ein ziemlich zahnloser Tiger ist, stört ihre Kreise sowieso nicht. Und auch die Parlamente der Mitgliedsstaaten haben nur wenig Mitsprache beim Brüsseler Geklüngel, das angeblich gut für uns EU-Bürger sein soll, aber vor allem zur Abschaffung von Leistungsanreizen führt.

Wann genau die sogenannte politische Elite beschlossen hat, sich vom Leistungsgedanken zu verabschieden, lässt sich heute nicht mehr rekonstruieren. Kontinuierlich wird jedoch auf allen Ebenen daran gearbeitet, diejenigen, die den Wohlstand erwirtschaften, immer mehr zur Ader zu lassen, um ihn auch allen anderen zukommen zu lassen – wie immer es um deren eigene Bereitschaft bestellt sein mag, etwas dafür zu tun. Umverteilungssysteme sind das Manna der Politik, und so widmen die Verantwortlichen ihre Aufmerksamkeit nicht etwa der Frage, wie der Staat effizient geführt, die Infrastruktur modernisiert oder die Sicherheit der Bürger gestärkt, sondern mithilfe welcher Transfermechanismen Gelder umgelenkt werden können. Nur noch darum scheint es zu gehen. Wehmütig erinnert man sich an eine Politikergeneration, die gestalten und nicht bloß umverteilen wollte.

Jene Politiker stellten ihre Überzeugungen über das Amt, weil sie sich im Gegensatz zum überwiegenden Teil der heutigen Berufspolitik weder über ihre Partei definieren noch von der Politik leben mussten. Zu dieser Generation gehörte Gerhard Schröder. Ihm wurde zum Verhängnis, dass er der Vernunft den Vorzug gegenüber der Ideologie gab. Den heutigen Karrieristen dürfte das politische Ende des Arbeitsmarktreformers ein warnendes Beispiel sein. Schröder wurde von seiner eigenen Partei aus dem Amt getrieben, weil er sich auf das Leistungsprinzip besonnen und die soziale Hängematte kräftig durchgelüftet hatte. Derlei Anwandlungen gelten heute erst recht als Hochverrat. Kein Politiker würde es im Jahr 2019 noch wagen, irgendeiner gesellschaftlichen Gruppe etwas abzuverlangen, die sich als benachteiligt verstehen darf.

Während Deutschlands "politische Elite" also nach Wegen sucht, um möglichst viele der Arbeitsmarktreformen zurückzunehmen, weil sie dem Alimentierungsgedanken zuwiderlaufen, unterstützt sie die Errichtung immer neuer Transfersysteme auf internationaler Ebene. Diese werden seit der Finanzkrise in der Europäischen Union und ganz besonders im Euro-Währungsraum konsequent installiert. Misswirtschaft wird belohnt, Leistung bestraft. Sie kennen das ja vom Länderfinanzausgleich und wissen: Egal, wie sehr Sie sich anstrengen – Sie dürfen sicher sein, dass der von Ihnen und Ihren fleißigen Nachbarn erwirtschaftete Überschuss am Ende woanders landet. Fleiß und umsichtiges Haushalten werden längst nicht mehr belohnt.

Während bei Ihnen das Schwimmbad schließt, kulturelle Veranstaltungen rar werden und Straßen verrotten, freut sich anderswo jemand über Transferzahlungen, die seine Politiker aus der Verantwortung entlassen, die Lage zum Besseren zu wenden. Dieser jemand sitzt künftig jedoch nicht mehr nur in einer der strukturschwachen Regionen Deutschlands, für die der Finanzausgleich ursprünglich einmal gedacht war, auch nicht mehr nur in einem Vorort von Athen, sondern vielleicht in einer Lehmhütte in Asmara oder in einem der Armenviertel von Damaskus. Mit Ihren Steuern finanzieren Sie dort Korruption und Misswirtschaft – ohne, dass die von Ihnen gewählten Volksvertreter eine Mitsprache bei der Mittelverwendung hätten. Nachhaltige Effekte und strukturelle Verbesserungen sind auf diesem Wege wohl kaum zu erzielen.

Die Umverteilungsmaschine läuft heiß. Denn naturgemäß ist die Zahl der Nehmerländer um ein Vielfaches größer als die der Geberländer. Entwicklungshilfe soll aber heute nicht mehr nur über Transfers in arme Länder erfolgen – sie soll künftig am Ort der Geldschöpfung stattfinden. Dazu haben die Vereinten Nationen eigens einen Migrations- und einen Flüchtlingspakt geschaffen, denen sich der allergrößte Teil der UN-Mitgliedsstaaten angeschlossen hat. Fast alle Staaten profitieren von den Verabredungen. Einige wenige Unterzeichner, darunter Deutschland, werden jedoch die Hauptlast zu tragen haben, nicht nur finanziell, sondern auch gesellschaftlich. Sie sollen künftig ihre Schleusen für Migranten aus aller Welt öffnen.

Nie zuvor hat die Menschheit ein gewaltigeres Umverteilungssystem gesehen. Es gefährdet alle Errungenschaften moderner Staatswesen und sorgt für immer größere gesellschaftliche Konflikte. Wie sollen einige wenige Leistungserbringer genügend Mittel erwirtschaften, um eine dreistellige Zahl von Ländern und damit ein Milliardenheer an Leistungsempfängern zu finanzieren? Das Abenteuer kann nicht gelingen, und die Verantwortlichen dürften das wissen. Vielleicht trösten sie sich damit, dass sie den Ausgang ihres waghalsigen Experiments nicht mehr erleben werden. Künftigen Generationen hinterlassen sie jedoch eine konfliktträchtige Gemengelage, in der es nur Verlierer geben wird.

Ebenso absurd ist die religionsgleiche Obsession der politisch Verantwortlichen für die angebliche Klimarettung. Seit mehr als zwei Jahrzehnten trichtern sie uns ein, wir seien schuld am Klimawandel. Nun wird niemand ernsthaft bestreiten wollen, dass sich das Klima verändert. Die Frage ist aber doch, welchen Anteil der Mensch daran hat und wie sinnvoll es ist, einzelnen Spurengasen den Garaus machen zu wollen. Längst hat das Mantra vom menschengemachten Klimawandel derart tief verfangen, dass eine sachliche Diskussion unmöglich geworden ist. Das Thema eignet sich wie kaum ein anderes als Herrschaftsinstrument, mit dem jedwede Gängelung, jede noch so verrückte Steuer und sogar Sprechverbote gerechtfertigt werden können. Und wie man es bei einer radikalen Religion vermuten würde, gilt Widerspruch als Blasphemie.

Es ist kaum vorstellbar, dass es bald eine Umkehr auf den beschrittenen Irrwegen geben könnte. Und so werden die Gravitationskräfte sich weiter beschleunigen, die unsere Demokratie schon heute zu zerreißen drohen. Hoffnung lässt sich nur daraus schöpfen, dass es immer noch Länder mit Einfluss gibt, die sich dem Treiben entgegenstellen, allen voran die Vereinigten Staaten. Und es gibt um uns herum Nationen, in denen – anders als hierzulande – Bürger zu Zehntausenden bereit sind, gegen eine politische Führung auf die Straße zu gehen, die ihren Amtseid mit Füßen tritt und sich einer fremden Agenda andient.

Doch die Uhr tickt. Sind die Euro-Umverteilungs-, UN-Migrationszuführungs- und EU-Zentralisierungssysteme erst einmal vollständig ausgebildet, wird keine Macht der Erde diese noch ohne Blutvergießen revidieren können. Auf dem Weg dorthin wird die freie Meinungsäußerung immer weiter beschnitten. Zweifler werden in einem perfiden Zusammenspiel von Medien und Politik isoliert und mundtot gemacht. Vor allem Kritik an der Zuwanderung soll ausdrücklich sanktioniert werden. So will es der UN-Migrationspakt, der klare Vorgaben zur Berichterstattung macht. Es ist längst fünf vor zwölf, und es liegt an jedem Einzelnen von uns, wie es weitergeht. Dieses Buch zeigt an mehr als fünfzig Beispielen, wie nah uns ideologisierte Journalisten, realitätsverleugnende Politiker und global operierende Nichtregierungsorganisationen bereits an den Abgrund geführt haben, aber auch, wie wir das scheinbar Unaufhaltsame vielleicht doch noch abwenden können.

Gastbeitrag von Matthias Matussek
Der deutsche Journalismus und die Ersatzreligion Antifaschismus

Nicht erst seit der Reporter Relotius im "Spiegel" als Fälscher aufflog, ist der deutsche Journalismus in der Krise. Er hat Schlagseite. Und die nennt sich "Haltung". Linke Haltung. Doch zunächst zu einem Missverständnis, das den "Spiegel" in den letzten Jahren geprägt hat. Es ist der Satz des Herausgebers Rudolf Augstein, der sagte: "Im Zweifel links". Rudolf hat diesen Satz in Zeiten geprägt, als Regierungen wie selbstverständlich konservativ oder rechts waren. Er wollte sagen: "Im Zweifel gegen die Macht." Er wollte mit seinem Magazin die widerständige Kontrolle sein, die vierte Macht im Staate, so stolz war er. Nun ist "links", besser gesagt der Utopismus, längst zur Regierungspolitik verkommen, zum Salontralala, zur Rhetorik auch auf Kirchenkanzeln, in Pressekonferenzen oder auf Gipfeln.

Rudolf Augstein wäre nicht mit den Maulkörben für kritische Journalisten einverstanden gewesen, mit all den Sprachregelungen, die unter dem Label "Hate Speech" alles aus dem Verkehr ziehen, was gegen die Regierung und ihre Vertreter polemisiert. Überhaupt nicht vorstellbar, dass Rudolf einen Titel wie denjenigen genehmigt hätte, mit dem sich eine schülerhaft-romantische Chefredaktion des "Spiegel" zum G 20-Gipfel in Streetfighter verwandelte und den Schulterschluss mit den Steinewerfern suchte. Der Titel damals, erst zwei Jahre her, zeigte einen bösen, knurrenden Wolf (das Kapital) und eine Hand, die ihm die Weltkugel aus dem Maul nehmen will. Überschrift: "Traut euch!" Kleiner darunter: "Radikal denken, entschlossen handeln, nur so ist die Welt noch zu retten." Die Bilanz des "radikalen Denkens" damals: Fast 500 Beamte und eine unbekannte Zahl an Demonstranten verletzt, Geschäfte geplündert, Autos angezündet, Straßen verwüstet. Nein, sein "Spiegel" sollte ein Sturmgeschütz der Demokratie sein und keine linke Stimmungskapelle.

Stefan Aust war Augsteins kongenialer Nachfolger, von ihm persönlich inthronisiert. Er galt als rechts und wirtschaftsfreundlich, er war zum Beispiel entschlossen gegen die Verspargelung der Landschaft durch Windräder, und er war unter anderem (bei bestimmten Frauen im Haus) mit meiner Nominierung zum Kulturchef zur Reizfigur geworden. 2008 musste er gehen. Mit Aust wurde auch ich meines Postens als Kulturchef enthoben, denn ich hatte entschlossen auf konservative Themen gesetzt. Von der neuen Chefredaktion kam die Anweisung, dass ich von nun an die Finger von Stoffen wie Nation oder Glauben zu lassen hätte – mir gelang es, diese Themen nach meiner Demission auf Umwegen, etwa im Titel über Hermann Hesse oder einem langen Essay über Georg Büchner, ins Heft zu schmuggeln. Ich hielt noch ein paar Jahre länger als Aust durch. Vor fünf Jahren nahm ich endgültig Abschied. Der "Spiegel" gefiel sich zunehmend in ideologisch getönter Gefühlssoße und hatte Fachkräfte, die lieferten. Alle spürten, was erwartet wurde.

In dem nun aufgeflogenen Fall des vielfach preisgekrönten Reporters und Serienfälschers Claas Relotius meinte einer der Kollegen, man hätte doch nur mal seine Spesenabrechnungen überprüfen müssen. Zum Beispiel, was Flüge in die USA angeht. Mietwagen-Abrechnungen und so weiter. "Aber Spesen", fügte der Kollege seufzend hinzu, "werden nur dann überprüft, wenn der Betrieb vermeiden will, allzu hohe Abfindungen zu zahlen. Zum Beispiel an Leute wie dich." Bei mir waren es nicht genehmigte Taxifahrten und unangemeldete Auftritte in Talkshows, bei Aust ging es um ein paar Reitstiefel. Aber man bemüht doch die Spesenabteilung nicht, um einen journalistischen Hochstapler im eigenen Hause zu überführen!

Was hätte man überprüfen können am Einstieg zur Geschichte "Die letzte Zeugin", die komplett erfunden war, einer Geschichte über Gayle Gladdis, eine Frau, die sich Hinrichtungen anschaut? Sie macht sich auf, "...um einen Mann, den sie nicht kennt, sterben zu sehen. Sie verriegelt die Tür, dreht den Schlüssel dreimal um, dann geht sie eine menschenleere Straße entlang, zum Busbahnhof. Sie besorgt sich ein Greyhound-Ticket für 141 Dollar nach Huntsville, Texas, und zurück." Allenfalls ließe sich doch überprüfen, ob das Greyhound-Ticket tatsächlich

141 Dollar kostet. Aber doch nicht, ob der Reporter überhaupt je mit dieser Frau gesprochen hat, oder mit ihr im Bus gesessen hat oder überhaupt zu diesem Zweck in den USA war. Die Reportage "Die letzte Zeugin" lief gut, Schulterklopfen von allen Seiten.

Claas Relotius' Geschichten spielten meist in den USA, wo sich kein Mensch um die deutsche Presse kümmert, und wo man den "Spiegel" gerne mit dem "Spiegel-Catalogue" verwechselt, der Unterwäsche vertreibt, zumindest in den Jahren, in denen ich in New York als Korrespondent arbeitete. Mittlerweile allerdings ist der "Spiegel" auch in den USA ein Begriff. Der US-Botschafter protestierte bereits gegen die Verleumdungen, denen die Einwohner von Fergus Falls ausgesetzt waren, und auch gegen die regierungsfeindliche Gesamttendenz. Schließich handelt es sich beim "Spiegel" um jenes Blatt, das nach der Wahl von Trump zum US-Präsidenten auf dem Titel eine auf die Erde zurasenden Supernova in Form von Trumps Kopf zeigte mit der Zeile: "Das Ende der Welt".

Die Bewohner von Fergus Falls übrigens hatten sich in E-Mails und Twitter gegen die Unterstellungen gewehrt. Vom "Spiegel" keine Resonanz. Hatte er nicht die Leserschaft im Tal des Misstrauens an der Presse allgemein und am "Spiegel" im Besonderen dazu aufgerufen, "zu schreiben, sich zu melden, zu kritisieren"? Offenbar nur ein leeres Angebot in einem selbstgerechten Vakuum.

Für die übel verleumdeten Bewohner von Fergus Falls hieß es im "Spiegel": Kein Anschluss unter dieser Nummer. Sollten sie nun vor ein US-Gericht ziehen, könnte das sehr, sehr teuer werden.

In Reportagen werden oft Schicksale in einer Eindringlichkeit erzählt, die durchaus Spielfilm-Qualität hat – und sie genau deswegen unterhaltsam macht. Als Schnibbens Reporterpreis, den dieser in Konkurrenz zum Nannen-Preis gegründet hatte, an die Relotius-Lügengeschichte "Zwei Königskinder" fiel, jubelte Jurorin und Laudatorin Patricia Riekel mit Recht: "Erst in der Nahaufnahme durch die erschütternde Reportage von Claas Relotius bekommen sie ein Gesicht, eine Geschichte. Ahmed und Alin, Bruder und Schwester, zwölf und 13 Jahre alt. Kriegswaisen aus Syrien, deren Flucht vor den Bomben in Anatolien endet, wo sie als Arbeitssklaven ausgebeutet werden...".

Das Mädchen Alin singt das Lied von den zwei Königskindern. Sehr fraglich, ob es dieses Lied im Syrischen gibt. Und noch fraglicher, ob es Alin gibt. In ihren Träumen erscheine ihr, so heißt es im Vorspann, manchmal Angela Merkel. Großartig. Eine eindringliche Geschichte und im Nachhinein eindringlicher Kitsch. Linker Gesinnungskitsch. Und folgerichtig verwandelt Riekel den Elfmeter, den ihr Relotius' Märchen geschenkt hat, donnernd ins Gewissen der Nation: "Uns Deutsche hat kein Thema in den letzten Jahren so beschäftigt, und auch entzweit, wie die Frage, wie viele Flüchtlinge wir aufnehmen und verkraften können. Manchmal wird man ja gefragt, was man als Erstes tun würde, wenn man Deutschland für einen Tag regieren würde. Ich würde ein Gesetz erlassen, dass die Reportage 'Königskinder' zur Pflichtlektüre für alle Politiker wird." Relotius' Märchen sind kein Argument gegen eine gut erzählte Reportage. Sie sollte nur stimmen. Und, wenn möglich, gegen allzu feste Gewissheiten anschreiben, denn nur das macht aufklärerischen Sinn.

Journalisten sind Mythenfabrikanten, am liebsten in eigener Sache. In der neuen "Spiegel"-Affäre geht es darum, dass die Fälscherei doch bitte nicht den Rest des linken Stimmungsdampfers kaputt machen dürfe, und all die anderen Geleitzüge, denn der "Spiegel" stampfte auch hier voran, die anderen Blätter zogen nach. Deshalb sprang die "Süddeutsche Zeitung" sofort mit ihren Sanitätskoffern ein, als ein Brief mit dem "Lügenpressevorwurf" (welche Bestätigung!) die Redaktion erreichte, denn, ja, auch die "SZ" ist unter den von Relotius' Märchen Geschädigten. Sie reagiert in gewohnter Weise – mit dem Hinweis auf die rechte Gefahr. Der "zornige Leserbriefschreiber" wird regelrecht abgewatscht: "Diesen Zorn haben rechte Populisten mit 'Lügenpresse'-Rufen gegen ihnen unliebsame Berichterstatter strategisch geschürt. So klar wie unanständig also, dass AfD-Politiker den Einzelfall Relotius sofort als Beleg für die angebliche Dysfunktionalität der Qualitätspresse werteten."

Ich vermute an dieser Stelle einfach mal, dass hier die Angst vor dem Paradigmenwechsel laut wird. Und dass sich der Tonfall ändern wird. Ich vermute auch, dass sich der "Spiegel", ähnlich wie der "Stern", von diesem Skandal im Kern nicht erholen wird, der Stimmungsdampfer der Linken ist – wie damals der "Stern" – von innen leckgeschlagen worden.

Die "SZ" resümierte: "Was bleibt, ist Verunsicherung. In Zeiten, in denen anonyme Websites mit Servern auf fernen Kontinenten, aber auch Meinungsmacher und politische Akteure Propaganda, Hetze und Hass verbreiten, sind Qualitätsmedien als Garanten für saubere Recherchen, transparente Quellen und strenge Kontrollen wichtiger denn je." Dabei lieferte Relotius – das ist das eigentlich Interessante – ganz schlicht und einfach passgenau das, was die Auftraggeber erwarteten. Er war der Dealer, der sagen konnte: "Ich hab genau den Stoff dabei, den du brauchst." Und er lieferte allen Seiten, zum Beispiel auch der als rechts verschrienen Weltwoche in Zürich. Der "Spiegel" war versessen auf anderen Stoff? Kein Problem. Relotius produzierte konsumentengerecht, bei nahezu jeder Gelegenheit, wie bei seinem "Interview" mit der 99-jährigen Traute Lafrenz, der "Überlebenden", einer Freundin von Hans Scholl. Diese, so lässt er sie sagen, habe die Vorgänge in Chemnitz verfolgt, Menschen die den Hitlergruß machen: "In einer amerikanischen Zeitung habe ich aktuelle Fotos aus Deutschland gesehen – mir ist ganz kalt geworden."

Nun, hier allerdings hätte die Dokumentationsabteilung des "Spiegel" stutzig werden können, denn die angesprochenen Fotos waren in der deutschen Presse erst nach diesem Interview aufgetaucht und nur in Deutschland. Doch Relotius legte Lafrenz in den Mund, was alle gern gelesen hätten, die Kanzlerin und Heiko Maas und die Antifa wie alle gratismutigen "Gegen rechts"-Kämpfer: "Deutsche, die streckten auf offener Straße den rechten Arm zum Hitlergruß, wie früher. Ich bin alt, aber ich bekomme ja alles mit. Die Art, in der jetzt über Flüchtlinge geredet wird wie über Kriminelle oder Vieh, da werde ich hellhörig. Ich weiß auch, was Politiker im Bundestag nun wieder so sagen. 'Lügenpresse', 'Volksverräter', 'Stolz auf die Wehrmacht'. Diese Leute wissen ja gar nicht, wovon sie reden, aber sie benutzen die gleichen Tricks. So fängt es an."

Alles erlogen. "Er hat sie benutzt, er hat diese Widerständlerin missbraucht", meint einer von Relotuis' Kollegen, "das nehme ich ihm besonders übel". Und dann fügt er hinzu: "Ein bisschen neidisch ist man schon geworden, man hat sich gefragt: Wo hat er diese tollen Themen her? Und wie sagenhaft detailreich er das aufgeschrieben hat!" Ressortleiter Fichtner in seiner "Offenlegung über den Betrüger im eigenen Hause": „Als Redakteur, als Ressortleiter, der solche Texte frisch bekommt, spürt man zuerst nicht Zweifeln nach, sondern freut sich über die gute Ware. Es geht um eine Beurteilung nach handwerklichen Kriterien, um Dramaturgie, um stimmige Sprachbilder, es geht nicht um die Frage: Stimmt das alles überhaupt?" In der Geschichte um die Königskinder allerdings müssten er und die Chefredaktion sowie Ressortleiter Matthias Geyer, zu deren Aufgaben Titel und Vorspänne gehören, von einem Zuckerschock geschüttelt worden sein.

Im "Spiegel" ging es in den letzten Jahren nicht mehr darum, Fakten zu präsentieren, sondern um Haltung, und das berührt eine viel tiefere Krise des Journalismus. Das jüngste Buch der "Panorama"-Chefin Anja Reschke heißt "Haltung zeigen". Im Netz hatte ein Spaßvogel das Cover mit dem Aufdruck versehen: "Vorwort Claas Relotius". Nur ein dummer Witz, oder ein versteckter Hinweis darauf, dass der Spiegelfälscher mit der Panorama-Redakteurin Pia Lenz liiert ist?

Haltung beginnt, wo das Faktensammeln aufgehört hat. Haltung ist ein Erziehungsprojekt, und wir wissen, dass Journalisten in Deutschland zu drei Vierteln links oder grün wählen. "Haltung" scheint daher zum obersten journalistischen Gebot zu werden, jener würzige ideologische Zusatz, mit dem sich Presse-Erzeugnisse heutzutage zu unterscheiden versuchen. Die Nachrichten sind überall die gleichen, die "mutige" Haltung (oder Gesinnung oder Propaganda) soll den Unterschied machen. Das Paradox dabei: Sie deckt sich dieser Tage zufälligerweise mit den Strategien der Regierung. Womit der Distinktionsgewinn wieder verspielt wäre.

Wahre Haltung wäre die Einschaltung des gesunden Menschenverstands. Haltung hieße, die Hacken einzugraben gegen den Strom. "Haltung zeigen" wäre es doch, die Folgen der deutschen Grenzenlosigkeit, die Auflösung der Nation zumindest infrage zu stellen und den deutschen Selbsthass der Linken zu thematisieren. Haltung wäre zum Beispiel, den doch von allen bewunderten Helmut Schmidt zu zitieren, der sagte: "Die deutschen linken Intellektuellen, die zum Teil ihr eigenes Volk nicht lieben können und nicht leiden mögen, irren sich, wenn sie glauben, weil sie selbst auf die Nation verzichten können, sollten auch die übrigen 98 Prozent des deutschen Volkes darauf verzichten." Haltung also wäre es, die Rechtsbrüche der Regierung auch im eigenen Blatt zu kritisieren und die einsame Kanzlerentscheidung über die Köpfe des Wählers hinweg, statt all das mit humanitärem Kitsch zuzukleistern. Unter Augstein wäre das sicher geschehen, unter Aust ebenfalls – brillant hat er in der "Welt am Sonntag" dazu Stellung genommen. Doch noch fährt der Ozeandampfer "Spiegel", leckgeschlagen, auf dem altem Kurs. Er wird einen großen Wendekreis benötigen.

Cordt Schnibben, der Reportage-Erfinder des "Spiegel", hat mittlerweile eine "Reporter-Fabrik" aufgezogen, wo er seinen Adepten genau jene linken Bausteine einbimst, mit denen der Weg zum Erfolg gepflastert ist – die Yellow Brick Road, die die kleine Dorothy im gleichnamigen Musical beschreitet, um zur smaragdenen Stadt zu kommen. Mit dem Anreizsystem, mit dem der "Spiegel" den linken Kitsch befeuert, mag es Relotius schwergefallen sein, den Versuchungen zur Dramatisierung, zur Erfindung, zur Fälschung zu widerstehen. Ein Opfer war er indes nicht, auch wenn einige ihn als solches beklagen. Doch der Betrieb, dessen Modellbauweisen Relotius mit seinen Lügen nach Maß bis zur Karikatur verdeutlicht hat, bietet Solidarität auf, denn er weiß, der Fall wird diese Abart des erzieherischen Journalismus ein für allemal beerdigen. Der Vertrauensverlust des Publikums, ohnehin groß, wird in Potenz zunehmen und weiterhin Auflagen wegschmelzen lassen.

Mit Relotius, der nun "vor den Scherben seiner beruflichen Existenz steht" ("Süddeutsche"), der offenbar "mental erkrankt ist", wird der Schulterschluss gesucht. Den Vogel schießt Julia Stein vom "NDR", Leiterin des Netzwerks Recherche, ab: "Wir sehen in Claas #Relotius nicht einen Feind, sondern einen von uns, der mental in Not geraten ist und dann zu den falschen, grundfalschen Mitteln griff. Er hat auch unser Mitgefühl ... Er hat betrogen, wir haben uns betrügen lassen." Natürlich ist er kein Feind, er war ein äußerst fantasievoller Kampfgefährte, wenn es zum Beispiel darum ging, die Bewohner von Fergus Falls, in der Mehrheit Trump-Wähler, als genau die Deppen vorzuführen, als die man sich in Hamburg die Trump-Wähler eben so vorstellt. Nun ist ein "Spiegel"-Redakteur dort hingefahren und kam mit dem überraschenden Befund zurück: "Drei Tage im echten Fergus Falls, nicht im erfundenen, sind eine Lektion in Demut.

Natürlich hat auch diese Stadt ihre Probleme, aber die Leute strengen sich an, sie sind freundlich, sie arbeiten hart. Die Mehrheit hat für Donald Trump gestimmt, ja, und die Menschen sind wesentlich interessanter, vielschichtiger als die Karikaturen, die Relotius aus ihnen gemacht hat." Was für eine aufregende, weil unerwartete Reportage das geworden wäre! Sind diese Zeilen mehr als Schadensbegrenzung? Wird es möglich sein, auch Zielscheiben der eigenen Vorurteile im eigenen Lande in Zukunft vielschichtiger zu malen?

Bei den öffentlich-rechtlichen Politmagazinen scheint die selbstgerechte Verfügung über die Wahrheit noch auf vollen Zylindern zu laufen. "Monitor"-Chef Georg Restle hat ein Plädoyer ins Netz gestellt, das einen "werteorientierten Journalismus" fordert. "Menschenrechte und Humanismus als Teil einer sterbenden Epoche? Als dumme Idee? Gegen solche Auffassungen werde ich mich immer zur Wehr setzen, auch und gerade als Journalist." Dem Credo von Hans Joachim Friedrichs über den Journalisten, der sich mit keiner Sache gemein machen dürfe, auch nicht mit der guten, stellt Restle die Figur des Kämpfers entgegen, der sich zum "Anwalt der Geschmähten und Unterdrückten" machen solle, nach dem Vorbild des Reporter-Idols Egon Erwin Kisch, dem Roten Brigadisten, nach dem der Journalistenpreis des "Stern" benannt wurde. Das also wäre Klassenkampf aus der beamteten Redaktionsstube, die unendlich verlogene Version des Salonkommunisten.

Restles Suada beginnt mit einer richtigen Feststellung: "Man kann es ein zerrüttetes Verhältnis nennen: Die Beziehung zwischen uns und weiten Teilen der Gesellschaft, die uns zunehmend misstrauischer gegenüberstehen, zunehmend feindlicher. Die uns immer weniger glauben, weil sie dazu übergegangen sind, sich selbst zu versorgen, mit passgenauen Artikeln aus dem unendlich scheinenden Angebot der digitalen Kanäle und Plattformen." Die allerdings besorgen mittlerweile genau das Geschäft, das die "werteorientierten" Kämpfer mit Pensionsanspruch vergessen haben.

Etwa mit der Recherche nach jener Person, die das 17-Sekunden-Handyvideo drehte, das von einem "Antifa-Zeckenbiss" von einem privaten WhatsApp-Konto gestohlen wurde und als "Beleg" für Hetzjagden in Chemnitz herhalten musste. Tatsächlich zeigte es einen Mann, der sich aus einem Demonstrationszug löste und wütend zwei "Südländern" hinterherlief. Dessen Frau hatte den Vorfall gefilmt und gerufen "Hase, Du bleibst hier". Was zeigte dieses Video, das eine Staatskrise auslöste? Es zeigte die Reaktion auf einen pöbelnden Angriff, bei dem die Demonstranten mit Bier übergossen worden waren. Die Recherche war in "Tichys Einblick" 1/2019 zu lesen. Zitiert wurde die Quelle anschließend aber nur als namenloses "rechtskonservatives Onlineportal". Die "Haltungsjournalisten" in Presse und TV fürchten in Wahrheit vor allem eines: Konkurrenz!

Selbstverständlich ist die Reportage nicht tot. Sie ist ein notwendiges und fruchtbares Erkenntnismedium, deshalb ist Claudius Seidl auch in seiner Betrachtung über den Relotius-Skandal in der "FAZ" ein alberner Kategoriefehler unterlaufen. Er macht die Form der Reportage verantwortlich für die Täuschung, die alles Ungesicherte, alle Zweifel glätten würde. Als ob das nicht auch im Essay zu leisten wäre! An das Credo, den Grundbestand, dagegen mochte Seidl nicht heran: Immigration prinzipiell eine positive Belebung, Demonstrationen dagegen schlecht, Fortschritt immer gut, Tradition immer miefig, das Fremde toll, das Eigene pfui, links gut, rechts böse. Eben genau das Credo, das Relotius zur Lüge verführt hat. Im übrigen kann man im "Spiegel" durchaus auch mit Essays Erfolg haben. Mein Aufsatz über Lady Di entstand am Schreibtisch. Ich hatte einfach gegen die globale Hysterie angeschrieben – "Der Tod einer Märchenprinzessin im Zeitalter der Medien" verkaufte sich, historischer Rekord, 1,4 Millionen mal. Heute pendelt die Auflage um 700.000.

Nein, die Reportage ist sicher nicht das Thema in dieser Affäre. Ich hätte meine Haltung zum Syrienkrieg nicht derart geändert, hätte ich nicht in meiner Syrien-Reportage (siehe "Tichys Einblick" 12/2018) mit Christen in Damaskus und Maalula gesprochen. Es ist die Reportage, die uns mit überraschenden Wahrheiten konfrontieren kann, die also echte Aufklärung leistet. Nein, das eigene Erleben ist nicht zu ersetzen. Über den Amazonas kann nur der schreiben, der sich dessen Hölle aus Hitze und Moskitos ausgesetzt hat. Das Problem ist ein anderes. Im Foyer des "Spiegel" steht Augsteins Devise: "Sagen was ist". Bezeichnenderweise fehlt ein Halbsatz: "Sagen, wie die Welt is - und nich, wie se sein soll." Diesen Halbsatz hat der "Spiegel" seit Jahren, zu seinem eigenen Schaden, vergessen. Doch diese neue "Spiegel"-Affäre ist nur der letzte Beleg für den Sittenverfall des deutschen Journalismus. Eine Untersuchung der von der SPD-finanzierten (und daher wohl unverdächtigen) Otto-Brenner-Stiftung hatte bereits 2016 nach Auswertung von über 30.000 Artikeln festgestellt, dass rund 80 Prozent der Berichterstattung zur Willkommenskultur deckungsgleich mit den Verlautbarungen der Regierung waren. "Wir haben uns vor einer historischen Aufgabe gesehen", bekannte der Chefredakteur der "Zeit", Giovanni di Lorenzo, selbstkritisch.

Allerdings: Das Elend begann weit früher. Wie konnte aus dem einst stolzen Beruf des Journalisten und Reporters sowas ausschlüpfen wie dieser Text aus dem "Tagesspiegel" aus dem Jahr 2010: "In Berlin gibt es ausländische Jugendbanden. Das ist ein Problem. Noch größer wäre das Problem, wenn es sie nicht gäbe. Sie sind jung, mutig, mobil, hungrig, risikobereit, initiativ. Solche Menschen braucht das Land." Keine Satire, sondern ernst gemeint. Natürlich war das lange vor der Flüchtlingskrise geschrieben, ein Krawalltext, der beweist, dass sich die Misere des deutschen Journalismus schon lange angekündigt hatte, doch erst heute richtig ins Bewusstsein gehoben wird, denn heute, natürlich, drängen sich Bilder der "jungen, risikobereiten Jugendlichen" wie jenes in den Kopf, wo ein Kerl mit Bierbüchse eine junge Frau einfach so im Vorbeigehen mit einem Tritt in den Rücken die U-Bahn-Treppe hinunterstürzen lässt. Er stellte sich als vorbestrafter Bulgare heraus. Mutig und mobil, solche Leute braucht das Land?

Doch weiter im Text: Unser furchtloser "Tagesspiegel"-Redakteur findet, dass sich hinter der "Kritik" an solchen Auswüchsen "oft bloß der Neid derer versteckt, die Vitalität als Bedrohung empfinden, weil sich die eigene Mobilität auf den Wechsel vom Einfamilienreihenhaus in die Seniorenresidenz beschränkt". Das Fazit lautet also wohl: "Lieber ein paar junge ausländische Intensivtäter als ein Heer von alten, intensiv passiven Eingeborenen." Dieser zynische Mix aus Beifall für Kriminelle und Hass auf die deutschen Landsleute, die ein Leben lang für eine Reihenhaushälfte malocht haben, um sie irgendwann ihren Kindern zu vererben, wurde nicht nur gedruckt, nein, der Redakteur wurde für seine originelle Tirade befördert. Als Washington-Korrespondent des "Tagesspiegel" war er bereits durch ein paar sehr dreiste Plagiate aufgefallen, wie die "taz" recherchierte.

Machen wir uns nichts vor: Der Journalismus, wie wir ihn kannten, die literarische Reportage, der kämpferische kluge Kommentar, der Journalismus des gesunden Menschenverstandes, ist im Sumpf gelandet. Wer mal in Redaktionskonferenzen herumsaß, wird schnell gemerkt haben, da kommt ein Haufen von Irren zusammen, die um die abwegigsten und exzentrischsten Thesen streiten. Man will ja schließlich Aufmerksamkeit. Man will verkaufen, sich und das Blatt. Keiner weiß heute noch, wie das geht. Die Auflagen der Blätter schmelzen wie Schnee in der Sonne. Doch so ganz schuldlos sind die Redakteure nicht. Sie schreiben an ihrem Publikum vorbei. Drei Viertel aller Redakteure sind linksgrün einzuordnen. Drei Viertel aller Redakteure fühlen sich als Vormund ihrer Leser auf dem Weg in eine grüne, atomfreie, durchgegenderte, grenzenlose Internationale. Dass deutsche Journalisten im Grunde ihres Herzens Pädagogen sind, ist übrigens eine Beobachtung, die bereits Max Weber in den 1920er Jahren während eines Aufenthalts in den USA machte. Der angelsächsische Journalist, so Weber, berichtet Fakten. Der deutsche Journalist will erziehen.

Der "Tagesspiegel"-Rabauke setzte sein Häufchen 2010, damals war gerade Sarrazins Buch "Deutschland schafft sich ab" erschienen. Unter dem Wutgeheul der liberalen Presse – schon damals gab es diesen unappetitlichen Gesinnungs-Schulterschluss gegen den Einzelnen – beschrieb Sarrazin präzise die mangelnde Integrationsbereitschaft türkischer oder arabischer Jugendlicher, ihre Neigung zu Schulabbrüchen und zur Kriminalität, ihre Machokultur, lauter Erkenntnisse, statistisch untermauert, die heute auf keinen Widerspruch mehr stoßen würden.

Denn mittlerweile ist klar: Die bei uns schon seit Generationen lebenden Türken denken gar nicht an Integration, sie haben Erdoğan mit diktatorischen Vollmachten ausgestattet und sind für die Todesstrafe zu haben. In der Mehrheit ziehen sie die Scharia dem Grundgesetz vor. Doch grüne Frauen wie Göring-Eckardt sind davon überzeugt, dass die mangelnde Integration auf die Fremdenfeindlichkeit der Deutschen zurückzuführen ist.

Zurück zu Sarrazin. Talkshows mit ihm wurden zu Tribunalen. Die Journalistin Meli Kiyak nannte ihn, der an einer halbseitigen Gesichtslähmung leidet, eine "lispelnde, stotternde, zuckende Menschenkarikatur" und der linke "taz"-Journalist Deniz Yücel wünschte ihm, "der nächste Schlaganfall möge sein Werk gründlicher vernichten". Soweit die linken Menschenfreunde. Die Leser indes sahen sich durch Sarrazin in ihren Alltagserfahrungen verstanden und bestätigt. Sie machten sein Buch zum erfolgreichsten der Nachkriegsgeschichte, 21 Wochen auf Platz 1 der "Spiegel"-Bestsellerliste. Ich hatte Sarrazin damals auf "Spiegel online" in Schutz genommen – nach wenigen Stunden brach der Server zusammen, über eine halbe Million hatten meinen Artikel gelesen und geteilt. Der "Spiegel" dachte gar nicht daran, Konsequenzen daraus zu ziehen. Sarrazin war der Hetzer, nicht nur im Hause. Redakteure der "Zeit" verfassten ein Buch, das versuchte, seine Argumente auseinanderzunehmen. Die Schere zwischen den schreibenden Volkpädagogen und der verachteten Masse der Leser öffnete sich enorm.

Damals fühlte sich wenigstens noch die "Bild" als Bündnisgenosse des kleinen Mannes. Unter der Titelkleckserei "Das wird man ja wohl noch sagen dürfen" lieferte sie vermeintliche Stammtischsprüche wie "Wer Arbeit ablehnt, verdient keine Stütze", oder "Zu viele junge Ausländer sind kriminell" oder "Ausländer, die sich nicht an unsere Gesetze halten, haben hier nichts verloren". Es war wahrscheinlich das letzte Mal, dass sich das Boulevardblatt in Übereinstimmung mit der Leserschaft befand, ja, dass es einem Gefühl Ausdruck verlieh, das völlig legitim war, aber schon bald politisch so inkorrekt, dass man ihm Redeverbot erteilte.

Kurz darauf muss Kai Diekmann, sonst eine verlässliche Dreckschleuder vom Dienst, eine Art Offenbarungserlebnis gehabt haben, vielleicht doch noch den Drang nach Höherem, in die feineren Kreise, denn er verpflichtete sich nun, jene seiner Leser, die Sigmund Gabriel während der Flüchtlingskrise "Pack" genannt hatte, zu besseren Menschen zu erziehen. Zu Engeln der Nächstenliebe. Zu Menschenfreunden ganz besonders derjenigen, die von außen ins Land strömten und eine erstaunliche Kreativität entwickelten, den Staat und die Steuerzahler um Beihilfen und Unterstützungsgelder zu erleichtern, wenn sie nicht gerade Jagd auf Frauen oder zumindest deren Handys machten.

Ja, "Bild" setzte sich ganz nach vorne auf den "Refugees Welcome"-Zug, und Chef Diekmann ging mit gutem Beispiel voran, in dem er einen afghanischen Vater mit seinen beiden Söhnen bei sich zuhause aufnahm. Das allerdings ging dann doch fürchterlich in die Hose. Der Mann weigerte sich dem Vernehmen nach, auch nur eine Hand im Haushalt zu rühren, saß auf dem Sofa herum und beschwerte sich darüber, wenn die kesse Katja Kessler halb bekleidet durch die Wohnung lief. Ansonsten hielt er mit seinen Söhnen streng die Gebetszeiten ein, ja er wurde offenbar immer fundamentalistischer in diesen Dingen, so dass er seine Kinder bald in eine religiöse Madrass steckte und ansonsten erwartete, dass ihn Kai per Taxi oder Dienstwagen zu den Behörden kutschieren ließ, in denen er seine Anträge zu stellen hatte. Mittlerweile ist er ihn wieder losgeworden.

In seinem Versuch, aus einem Boulevardblatt einen Liedtext zum Kirchentag zu machen, sprangen Leser zu Hunderttausenden ab. Sie hatten das Gespür für die doppelte Lüge, denn auch die Lüge zum Guten ist eine. Die "Bild" unter Kai Diekmann wurde zur regierungsnahen politischen Drückerkolonne, er schaffte es mit seiner "Refugees-Welcome"-Kampagne bis auf die Regierungsbank, als dort der Vizekanzler Sigmar Gabriel mit einem ebensolchen Button Platz nahm. Aber wer will schon eine krawallige Baubuden- und Kneipenzeitung als Temperenzlerblatt? Wer will eine sonst verlässlich gehässige Abschuss-Institution in der vollständigen Erniedrigung erleben, auf Schulterschluss mit denen da oben zu sein, ganz besonders in einem Land, in dem sich Umfragen zufolge über die Hälfte der Menschen durchaus in den Parolen von Pegida wiedererkannten?

Doch nicht nur die "Bild", alle großen Blätter verloren. Dass mit dem Internet eine mächtige Konkurrenz auf den Plan getreten ist, ist nur die halbe Erklärung. Die andere Hälfte ist, dass die Zeitungen am Leser vorbeischreiben. Wo Zeitungen im Gleichschritt mit der Regierung Probleme herunter regulieren, statt sie zu benennen, haben sie ihre Existenzberechtigung verloren. Wenn Zeitungen aufhören, Täternamen oder Herkunft zu nennen, wächst das Misstrauen, darf man getrost, wenn nicht von Lügenpresse, so doch durchaus von Lückenpresse reden. Und wenn es Tage braucht, um den Vergewaltiger und Mörder der Freiburger Studentin als afghanischen Flüchtling zu benennen und die Tagesschau diese Meldung unterschlägt, weil sie nur lokaler Natur sei, dann läuft etwas gewaltig schief im Journalismus. Denn der sollte keine pädagogische Anstalt sein.

Besonders krass war das Versagen der Presse in der Silvesternacht 2015. Der brutale Massenübergriff krimineller sogenannter Asylanten, meist aus Nordafrika, auf junge Frauen vor dem Kölner Dom wurde tagelang in der Presse verschwiegen. Drinnen hatte Kardinal Woelki zuvor in einem Flüchtlingsboot wieder gegen die Hartherzigkeit von Pegida und AfD gepredigt, salbungsvoll, versteht sich, aber auch ein Stück weit mutig und demokratisch unerschrocken, dieser Querdenker aus dem klerikalen Windkanal! Erst als sich in den sozialen Medien herumsprach, was wirklich passiert war – in den Polizeiberichten war von einer "ruhigen Nacht" die Rede – wachten unsere kritischen Journalisten auf, allerdings nicht ohne darauf hinzuweisen, dass das alles natürlich Wasser auf die Mühlen der Rechten sei. Claudia Roth preschte mutig nach vorne und sprach von struktureller Männergewalt, die es auch bei Deutschen gebe, auch auf dem Oktoberfest käme es jedes Jahr zu Übergriffen.

In den Talkshows saßen Experten herum, die von einem Versagen der Polizei sprachen, allerdings nicht von einem Totalversagen zivilisatorischer Hemmungen auf Seiten der Vergewaltiger und Handy-Klauer. Nun wurden Frauen an die Front geschickt, und sie berichteten übereinstimmend, dass das Los der Frau in Deutschland auch nicht gerade erste Sahne ist. Richtig. Man denke nur an den rüden Überfall des in die Jahre gekommenen FDP-Vorsitzenden Rainer Brüderle, der einer ahnungslosen und völlig überrumpelten "Stern"-Redakteurin zu fortgeschrittener Stunde "seine Tanzkarte überreichen" wollte. Auch Brüderle ein Antänzer! Es war Journalismus auf dem Tiefpunkt.

Mit der AfD beschäftigte und beschäftigt man sich allenfalls herablassend, im Fernsehen mit mutigen Überfall-Fragen auf der Straße mit "Was ist deutsch?" und in den Printmedien mit einem Rattenschwanz, der stets bis zu den Nazis zurückreicht. Dass die AfD etwa mit der Frage nach einer Leitkultur eine genuine CDU-Forderung aus früheren Jahren aufnahm, wird völlig unterschlagen. Unterschlagen wurde auch in der Folge, dass dieses hier mal 2002 CDU Wahlprogramm war: "Deutschland muss Zuwanderung stärker steuern und begrenzen als bisher. Zuwanderung kann kein Ausweg aus dem demografischen Veränderungen in Deutschland sein. Wir erteilen einer Zuwanderung aus Drittstaaten eine klare Absage..."

Dass man die Ängste der Bevölkerung vor Überfremdung nach dem 2015 gezielt herbeigeführten Dammbruch tunlichst ernst nehmen sollte, kam den wenigsten Leitartiklern in den Sinn, da sie eher in eigenen Kreisen zuhause sind, also in utopistischen One-World-Milieus. Kurz gesagt: Trotz aller immer wütender herausgebrüllten "Lügenpresse"- und "Lückenpresse"-Parolen kapierten sie es nicht. Logisch, dass ihnen Konkurrenz erwuchs, im Netz, etwa Henryk Broders "Achse des Guten" oder Roland Tichys "Einblick", wo alle Informationen und Einschätzungen zu finden sind, zu denen die etablierten Blätter nicht mehr in der Lage sind. Denn eines ist sicher: Die politische Großwetterlage hat sich gedreht. Die herangewachsene linksgrüne Journalistengeneration ist zu einem gedankenarmen, lachhaften Gesinnungsverein geworden, der sich dem antifaschistischen Kampf und diversen Opfer-Splittergruppen widmet.

Es bedurfte einer Wahl in den USA, dass einige aus der Meinungselite begannen, an sich zu zweifeln. Gegen eine

Hillary Clinton, die die Unterstützung der Banken und der Waffenindustrie hatte und über eine Milliarde Dollar an Wahlkampfgeldern einsammeln konnte, war Donald Trump, der prollige Bau-Tycoon aber sowas von hinterher. Dachten alle. "New York Times" und "Washington Post" füllten ganze Ausgaben mit den Verfehlungen Trumps, zu denen auch "frauenfeindliche" Äußerungen gehörten. Um Gottes Willen. Meinungsforschungsinstitute sahen Hillary Clinton mit zehn und mehr Punkten in Führung, zumal sie sich sämtlichen Opfergruppen angedient hatte, den Frauen, den Schwarzen, den Schwulen und Lesben, den Indios, den illegalen Mexikanern, sie fuhr sogar U-Bahn, um mit den einfachen Menschen ins Gespräch zu kommen, was sich als PR-Desaster erwies, denn sie wusste weder mit den Tokens umzugehen noch wollte irgendeiner mit ihr reden.

Donald Trump hingegen richtete sich an die größte und am meisten vernachlässigte Opfergruppe im Lande, an den weißen Mann, der ohne Arbeit dastand. Jawohl, der hässliche weiße heterosexuelle Malocher, diese uncoolste aller Nummern, um den unsere leicht erregbaren und gutverdienenden Umweltschützer und Salonlinken stets einen Bogen machten, es sei denn, er ließe sich als dumpfer Rechtsextremist verdächtigen. Während der Wahlnacht saßen bei uns Redakteure in den Studios, die sich gar nicht einkriegen konnten in ihrer Verachtung über den Mann mit der komischen Frisur. Tja, und dann gewann er. Da sahen sie alle doch sehr trüb aus der Wäsche, die Meinungsführer, die Moderatoren, die politische Klasse, die vor allem. Der "vulgäre Typ" ("Spiegel") mit der komischen Frisur und den lockeren Sprüchen war plötzlich US-Präsident. Plötzlich stand da einer im Salon herum, der gar nicht eingeladen war, der bei allen nur Kichern und Kopfschütteln und Befremden auslöste, aber...hoppla, Moment, plötzlich war es sein Salon. Er hatte gewonnen.

Diese Pointe ist schon aus rein sportlichen Gründen unwiderstehlich: Blätter wie die "New York Times" und die "Washington Post", bei uns vor allem der "Spiegel" und "ZDF"-Kleber bei jeder sich bietenden Gelegenheit, haben politikferne Themen wie Trumps Umkleidekabinen-Bemerkungen über Frauen skandalisiert, um ein Monster zu kreieren und zur Schlachtung freizugeben – und sich böse getäuscht und einen weiteren Beweis für ihre abnehmende Glaubwürdigkeit geliefert. Denn was die Machosprüche angeht, die fanden Frauen offenbar nicht so schlimm. Im Gegenteil. So sind Männer, denken sie sich, und Gottseidank sind die so. Rund 51 Prozent der Frauen mit College-Abschluss gaben Trump ihre Stimme, 62 derjenigen ohne Abschluss. Blieb immer noch das Argument des Fremdenhasses. Trump will die Grenzen sichern, über die Millionen illegal kommen, aber schon in Bill Clintons Wahlkampf 1992 wurde über eine Mauer gesprochen, ist das Fremdenhass? Er will, verlautet nun, drei Millionen Illegale abschieben. Was nie zur Sprache kam: Auch Präsident Obama schob drei Millionen ab.

Noch immer lassen sich die Trump-Gegner nicht aus dem Takt bringen. Wie sagte Hegel auf den Einwand hin, dass sich seine Weltgeist-Theorie nicht mit der Wirklichkeit vertrüge? "Umso schlimmer für die Wirklichkeit." Der "Spiegel" sah auf seinem Titel – der sich übrigens bombig verkaufte – tatsächlich die Welt untergehen. Trump rast auf dem Titelbild als glühende Supernova auf die Erde zu. Linkspopulismus pur. Der Sieg des "vulgären Trump" für die "Abgehängten", so der inzwischen wegen Erfolglosigkeit entlassene damalige "Spiegel"-Chefredakteur Brinkbäumer, werde dafür sorgen, dass diese in ihrer Wut Brände legen, alle Regeln brechen und die Demokratie vernichten, "nicht nur in Amerika, sondern weltweit". Nichts davon ist eingetreten.

Woher nehmen diese schreibenden Linkspopulisten nur ihre Gewissheiten? Wie kann es sein, dass diese Klasse nicht lernt? Die Antwort liegt auf der Hand: Weil sie in ihren Zirkeln großgeworden sind und nicht ohne Spott auf die Unterklasse schauen, der sie alle Niederträchtigkeiten zutrauen, "wie vor achtzig Jahren in Deutschland", so Brinkbäumer. Der Faschismusverdacht fällt auf die da unten. Igitt! Diese schreibenden Linkspopulisten haben, so sagte es Thomas Frank im "Guardian", "in einem nie vorher erlebten, ungewöhnlichen Pakt die andere Seite beleidigt, statt zu versuchen, sie zu verstehen. Sie haben die journalistischen Regeln gebrochen. Sie haben Meinungsartikel in Gebetsstunden verwandelt, in ein 'vehicle for high moral boasting'."

Früher waren Leser um eine Zeitung gruppiert wie um ein Totemtier, die "FAZ" wurde von den Konservativen gelesen, die "Frankfurter Rundschau" von den Linken, die "Welt" von den Bürgerlichen und der "Spiegel" von allen. All das gilt nicht mehr. Zeitungen haben ihre Bindekraft verloren. Der Chefredakteur des "Freitag", Michael Angele, trauerte in seinem Buch über den "Letzten Zeitungsleser" so schön und wehmütig, dass man es für eine Grabrede halten konnte. Der Populismus-Vorwurf ist übrigens nicht eindeutig konnotiert. Es gibt mittlerweile einen guten und einen bösen Populismus, wie wir aus der "New York Times" erfahren. Der gute Populist ist Papst Franziskus. Der böse Populist ist Donald Trump. Die Zeitung nennt den Papst den "Anti-Trump".

Das Jahr 2015 brachte einen großen Paradigmenwechsel. Er hat lange auf sich warten lassen. Erst 25 Jahre nach dem Mauerfall, der die sozialistische Utopie erledigte, merken auch unsere Intellektuellen, unsere Eliten, unsere Visionäre, dass ihnen der Teppich unter den Füßen weggezogen worden ist. In der Zwischenzeit hatten sie sich die Zeit vertrieben mit allerlei postmodernem Schnickschnack, zumindest was die Feuilletons angeht. Eine Mischung aus Zynismus, Vaterlandsverachtung und Fernstenliebe. Hinter allem schimmerte noch die kritische Theorie durch, aber ansonsten galt der Klamauk der Poststrukturalisten. Es waren die französischen Postmodernen von Foucault abwärts bis zu Lyotard und Derrida, die die Herrschaft des Kapitals, die nicht zu der erwarteten Verelendung der Massen geführt hatte, nun zumindest in den Sprechakten dingfest machten. In den Diskursen des weißen Mannes. Der Heterosexuellen. Der Bürgerlichen. Ja, der Wissenschaft selber, deren Primat einst die Macht der Kirche brach und den Aberglauben jeder Art verscheuchte. Nun sollte all das geopfert werden? Nun sollte die persönliche Opfererfahrung über die empirische Wissenschaft triumphieren? Nun galt die Wissenschaft als Herrschaftsinstrument? Ja, mehr noch, auch das Individuum löste sich auf – in Hunderte von Einflüssen und Einflüsterungen, die nur noch die Fiktion eines Subjekts gelten lassen.

Es gab auch keine objektiv erkennbare Wirklichkeit. Diese war ebenso ein kulturelles Konstrukt. Noch die krudeste Opfertheorie wurde mit wissenschaftlicher Glaubwürdigkeit ausgestattet. In diesem Windschatten blühten die absurdesten neuen Theorien, wie die von Judith Butler, die das herrschende Naturprinzip von männlich und weiblich zu einer Sache der kulturellen Zuschreibung macht. Oder Edward Said in seiner Theorie des "Orientalismus", die im Wesentlichen mit den westlichen Vorurteilen gegenüber den arabischen Ländern und denen des Nahen Ostens abrechnet – sie seien allesamt postkoloniale Zuschreibungen, also Narrative, die Vorurteile und koloniale Interessen in ihren Mantelfalten verstecken. Die Universitäten, besonders in den Geisteswissenschaften, dem Rekrutierungsbereich des Journalismus, sind umstellt von politisch korrekten Wachen mit entsicherten

Gewehren. Mittlerweile müssen Triggerwarnungen auf die Lektürelisten, die darauf hinweisen, dass bestimmte Bücher Inhalte haben, die zu traumatischen Erlebnissen führen können. Aus solchen Milieus, aus dieser Schneeflöckchengeneration der Opfermilieus und antifaschistischen Helden sollen künftige Redaktionen beliefert werden?

Ich habe den Eindruck, dass ich die Goldenen Jahre des Journalismus erleben durfte. Das Ende lässt sich für mich genau datieren. Es war der 29. September 2015. Der Tag, an dem mein väterlicher Freund, mein Vorbild Hellmuth Karasek starb. Heute merkt man, wie sehr den Feuilletonisten die Puste ausgeht. Weil sie so schmal sind, so eingehegt, so politisch korrekt, so modisch. Schrumpfköpfe. Sie schicken Moritz von Uslar zum Frühstückseieressen mit Claudia Roth. Wahnsinnig originell, mit dem erwartbar langweiligen Ergebnis. Oder sie erinnern sich scheinradikal und wehmütig an Zeiten, an die sie selber keine Erinnerung haben können, etwa Paris 1968, die Besetzung der Renault-Werke und de Gaulles Flucht, die Claudius Seidel kürzlich für seinen Feuilleton-Teil von einem französischen Linken aufschreiben ließ. Die Linke ist selbst als Einspruch tot.

In der gleichen Ausgabe übrigens war eine großaufgemachte Geschichte unter der Überschrift zu lesen: "Gemobbt, weil sie Juden sind", in der Unterzeile hieß es dann weiter: "Ist Antisemitismus an deutschen Schulen weit verbreitet? Viele jüdische Eltern haben Angst, darüber zu reden. Manche tun es aber doch." Was ist daran falsch? Alles. Denn erst in der Mitte des dritten Absatzes wird erwähnt, dass drei Viertel der Schüler arabischer oder türkischer Herkunft sind, dass also dieser "Antisemitismus", wiewohl an einer "deutschen Schule", muslimischer Natur ist. Warum legt man diese falschen Fährten? Warum wird mit "deutsch" und "antisemitisch" eine Assoziationskette beschworen, die die Aufmerksamkeit für die rechtsradikale Gefahr wachkitzelt, um dann, schon in voller Fahrt, blitzschnell die Vorzeichen zu ändern wie ein Hütchenspieler, der, wie wir wissen, immer gewinnt? Was mag im Kopf des für Überschrift und Unterzeile verantwortlichen Redakteurs vorgegangen sein, welche Tabus durften da nicht verletzt und welcher politischen Ausrichtung sollte da zum Sieg verholfen werden? Der Antifaschismus als deutsche Liturgie vernagelt die Köpfe und zwängt sie in Meinungskorridore, aus denen es keinen Ausweg gibt. Das ist Zeitungsmachen unter hochneurotischen Bedingungen.

Rechts ist nicht cool. Rechts riecht so nach Ostdeutschland und Bierflaschen. Rechts ist der Abschaum. Rechts sind die Klamotten, die scheiße aussehen. Aber rechts ist auch die Metaphysik, die Religion, Beethovens Eroica, das Heldentum, Gottfried Benn, das Antikollektive, das Existentielle, Ernst Jünger, Tradition, Leon Bloy, das Credo aus Mozarts Krönungsmesse, das Numinose, ohne das ein Mensch kein Mensch ist, weil es über ihn hinaus und hinaufweist. Als ein Werbefuzzi der Agentur Scholz & Friends zu einem Anzeigenboykott gegen "Tichys Einblick" und die "Achse des Guten" aufrief, tat er es unter dem Motto: "Kein Geld für rechts." Ergo: Nur Geld für links ist in Ordnung. Deutlicher kann man nicht sagen, dass "links" die "Raison d'Etre" ist. Rechts gibt es nicht, darf es nicht geben. In dieser einseitigen geistigen Dürre verendet jedes Leben, und alle plärren, tröten, prügeln, schießen auf rechts.

Als ein Islamist im BND aufflog, verlangten die Grünen Konsequenzen. Von nun an sollte es sorgfältigere Hintergrund-Checks geben, vor allem, jetzt kommt's, festhalten in dieser rasanten Kurve – was Verbindungen zur rechten Szene angeht. Die Blickrichtung rechts ist bei uns festgeschraubt. Den Spaß am Hass und Kesseltreiben wollen sich die linken Menschenfreunde allerdings nicht nehmen lassen, wie schön, wenn die Lizenz dazu von einem über jeden Zweifel erhabenen humanitaristischen Universalismus erteilt wird. Gegen rechts.

Der Spaß der Linken, Köpfe des politischen Gegners rollen zu sehen, wird seit dem "Tugendterror" der französischen Revolution mächtig bedient, sei es in Stalins Reich (60 Millionen Tote) oder in dem von Mao (100 Millionen Tote), oder sei es in Kambodscha, wo Bruder Nummer 1 ein Drittel der eigenen Bevölkerung abschlachten ließ im Namen eines schließlich befreiten kommunistischen Paradieses.

Mittlerweile passt das Wort der kritischen Theorie vom "Verblendungszusammenhang" auf diesen "Kampf gegen rechts"-Schleim, der die Synapsen verklebt und das Denken verhindert, diese unappetitliche Melange aus Presse, öffentlich-rechtlichen Sendern und Politik. Was fehlt, ist die Selbstaufklärung der Aufklärung. Was fehlt, ist ein Nachdenken über die letzten Fragen, die auch in den vorletzten Diskussionen mit bedacht werden sollten. Und die kommen in allen Redaktionskonferenzen des Landes zu kurz. Weil man die Kirche nicht mehr kennt. Den Glauben nicht kennt. Die Kirchen kennen ihn selber nicht. Mittlerweile behaupten sie, dass Glaube nur ein anderes Wort für Hilfsbereitschaft ist. Also nichts, was wesensmäßig über einen Weihnachtsbasar für Ruanda hinausreicht.

Nicht zuletzt deswegen schlägt uns von Seiten der glühend Glaubenden des Islam nichts als Verachtung entgegen. Unsere Spaßgesellschaft ist nicht sehr tief verankert. Dass so wenig über die Gottesfrage nachgedacht wird, ja, dass sie ganz hinter den Gegenwartshorizont gerutscht ist, um sie dann Quatschköpfen in die Hände fallen zu lassen, hängt mit dem Misstrauen zusammen, dass der moderne Kopf gegenüber dem Geheimnis hegt. Denn der Glaube ist ein Geheimnis. Er kann weder bestätigt noch falsifiziert werden, er spielt in einer ganz anderen Liga. Ohnehin darf man mittlerweile eine neue Form der Zivilreligion verzeichnen. Ihr Kreuzfahrerspruch heißt nicht länger 'Deus vult', sondern 'Nazis raus'.

Mit zunehmendem Abstand vom Holocaust wächst die Zahl der Nazis und demzufolge die Zahl der Antifaschisten, die mittlerweile geradezu die Prätorianergarde einer abgewirtschafteten Regierung bilden. Tatsächlich, ausgerechnet die "Antifa", die Hamburg während des G-20-Gipfels in ein Schlachtfeld verwandelt hatte, wurde von Hamburgs grüner stellvertretender Bürgermeisterin beglückwünscht zu einem Massenprotest aus 3.000 Trillerpfeifen gegen eine Demonstration von 187 Menschen, auf der ich gegen die Regierung sprach. Polizeihundertschaften und Wasserwerfer hielten sie in Schach. Einen, der auf unserer Versammlung war, erwischten die Linken dennoch – er wurde krankenhausreif getreten.

Die Linke, die doch in den 60er Jahren des vorigen Jahrhunderts so aufregende Antworten gegeben hat, ist seit Adorno/Horkheimers "Dialektik der Aufklärung" ohne echte Entwicklung geblieben; auf die "Morgenröte folgte kein Mittag", wie der linke Romanist Peter Bürger in seinem Buch "Nach vorwärts erinnern" gerade beklagte. Mittlerweile ist diese Linke mit all ihren exotischen Minderheits- und Opferdiskursen Regierungspolitik geworden, der Weg durch die Institutionen war erfolgreich. In ihrer studentischen Variante ist diese Linke heute infantilisiert, verkümmert in ihren Echokammern, total verblödet in ihren "Schutzräumen" gegen "Mikroaggressionen". All das ist eingebettet in zunehmende Aggressivität "gegen rechts", mit "Nie wieder Deutschland"-Gegröle und risikofrei, da man den Nanny-Staat auf seiner Seite weiß.

So herabgesunken ist das, was 1968 mit widerständiger Lektüre, mit Samisdat und Raubkopien von Marx und Sartre mit Hunger nach dem ganz Neuen begann. Nein, heute sind alle Arterien verstopft, alle Bohrungen vergeblich, nichts geht mehr, der Traum vom Aufbruch endete leider längst mit dieser verwöhnten bildungsfernen Denunziantenbrut.

Aber nicht nur das. Wir schreiten in eine Zukunft, die beunruhigend aussieht. Da sind die Umweltnöte, das Artensterben, die Verschmutzung der Meere, die auch ohne Klimakatastrophe zu Verheerungen führen werden. Darüber hinaus wird allein die demografische Entwicklung dafür sorgen, dass unsere Nachfolgegenerationen in spätestens fünfzig Jahren auch im Westen in mehrheitlich islamischen Gesellschaften aufwachsen und damit einen fundamentalen kulturellen Wandel durchmachen werden. Es wird auf Einzelne ankommen. Es wird darauf ankommen, besser früher als später, sich der eigenen, der christlichen Identität zu versichern und das hinüberzuretten, was uns einst Heimat war.

Matthias Matussek ist ein deutscher Journalist und Publizist. Neben seinen Tätigkeiten beim "Stern" und bei der "Welt" wirkte er mehr als zwei Jahrzehnte lang beim "Spiegel", für den er unter anderem als Auslandskorrespondent in New York, Rio de Janeiro und London arbeitete. Bekannt ist Matussek vielen Lesern auch als früherer Leiter des Kulturressorts des "Spiegel" sowie als Autor der Bestseller "Die vaterlose Gesellschaft", "Wir Deutschen" und "Das katholische Abenteuer".

Ein Jahr näher am Abgrund:
Die Chronik des Untergangs

Sinnloses Sterben
Der naive Umgang mit einem fremden Menschenbild

Im hessischen Hattersheim steht eine der zahllosen Asyl-
bewerberunterkünfte, die in den vergangenen Jahren wie
Pilze aus dem Boden geschossen sind, um die gewaltige
Zahl an Zuwanderern aufzunehmen. Viele dieser Heime
waren lediglich vorübergehend eingerichtet worden und
hatten eher behelfsmäßigen Charakter. Anders die Anlage im Hattersheimer "Kastengrund". Auf einem brachlie-
genden Grundstück waren alte Baracken aufwändig kern-
saniert, mit modernster Ausstattung versehen und liebe-
voll hergerichtet worden. Das weitläufige, am Rande der
Stadt gelegene Areal lädt zudem mit viel Grün zum Gril-
len, Joggen und Radfahren ein.

In den Bungalows fehlt es an nichts, aber auch die Auf-
enthaltsräume im Hauptgebäude lassen keine Wünsche
offen. Sogar zehn moderne Seminarräume gibt es, damit
die Volkshochschule direkt vor Ort Deutsch- und Integra-
tionskurse abhalten kann. Regelmäßige Busverbindungen
von einem eigens für die Neuankömmlinge an der Unter-
kunft geschaffenen Haltepunkt stellen vom frühen Morgen bis in den späten Abend sicher, dass die Bewohner
mobil sind und sich am gesellschaftlichen Leben der um-
liegenden Städte beteiligen können. Die Anlage im "Kastengrund" ist ein Vorzeigeprojekt, das es beinahe mit den
Center Parcs aufnehmen kann, in denen Familien Urlaub
machen.

Natürlich käme niemand auf die Idee, das Warten auf die Anerkennung des eigenen Asylantrags als Urlaub zu bezeichnen. Doch es lässt sich entspannter ertragen, wenn man in Hattersheim untergebracht ist, wo man sogar den eigenen Betreuer auf dem Gelände weiß. Auch in Bezug auf die Privatsphäre und den persönlichen Freiraum setzt die Anlage Maßstäbe: Nur etwas mehr als die Hälfte der 310 verfügbaren Plätze sind belegt. Viele gute Gründe also, sich als Zuwanderer schnell einzuleben und dankbar zu sein für das große Glück einer Komplettversorgung. Doch offenbar genügt selbst das nicht jedem. Und so hat ein Mord die Einrichtung im Main-Taunus-Kreis über die Region hinaus bekannt gemacht.

Aus nichtigem Anlass hat ein 26-jähriger Syrer einen 39-jährigen afghanischen Mitbewohner umgebracht. Pflichtgemäß nahm sich die Frankfurter Neue Presse des Mordfalls an. Der Artikel gehört zu den journalistischen Tiefpunkten. Einer der "Flüchtlingshelfer" des Täters kommt darin ausführlich zu Wort. Er darf davon berichten, dass der 26-Jährige es nicht leicht gehabt habe, sich einzuleben, dass er seit seiner Ankunft zweieinhalb Jahren zuvor verzweifelt auf der Suche nach einer Arbeit gewesen sei und dass er mit dem Geld vom Amt einfach nicht habe auskommen können. Aus jeder Zeile spricht der Wille, den Täter zum Opfer zu machen, das keine echte Chance bekommen habe und mit der Situation in der neuen Heimat überfordert gewesen sei, erst recht in Bezug auf den Umgang mit Geld.

Alles nicht die Schuld des 26-Jährigen, so die Botschaft. Mit keiner Silbe geht das Schundstück, das nur wenig mit Journalismus zu tun hat, auf das Opfer ein. Interessanterweise rutscht dem Autor heraus, dass es sich um einen Täter handelt, der aus einem der Länder kommt, "in denen ein Menschenleben nicht viel gilt". Und genau hier liegt der Knackpunkt für die fast alltäglichen Gewaltexzesse der Zuwanderer der aktuellen Migrationswelle: Die überwiegend jungen Männer, die vielfach von ihren Familien ins gelobte Land geschickt worden sind, damit es den Daheimgebliebenen irgendwann einmal besser geht, sind mit viel niedrigeren Hemmschwellen aufgewachsen und stammen tatsächlich aus Kulturen, in denen ein Menschenleben wenig zählt.

Sie bringen ihre archaischen Denkmuster mit, einschließlich einer Geringschätzung für Frauen und der Neigung, selbst die kleinsten Konflikte per Faustrecht zu lösen. Wo eine Waffe in Griffweite ist, kommt sie zum Einsatz. Es ist völlig zutreffend, wenn Tübingens Oberbürgermeister Boris Palmer sagt: "Es gab vor der Flüchtlingseinwanderung 2015 keine Anschläge auf Weihnachtsmärkte, keine Domplattenexzesse und in Brutalität, Anlass und Vorgeschichte eben auch keine Morde wie in Kandel oder Freiburg." Angesichts so viel Realitätssinn wollen die Grünen ihn am liebsten loswerden. Der Mörder von Hattersheim war übrigens seit Ende 2017 ausreisepflichtig, weil sein Asylgesuch abgelehnt worden war. Ein 39-Jähriger könnte heute noch leben. Dutzende andere auch.

Ideologie statt Information
Wenn Schmähungen zu Nachrichten werden

Es war nur eine Randnotiz, die gewöhnlich untergeht im schnelllebigen Nachrichtengeschäft. Gerade deshalb sollte man ihr besondere Aufmerksamkeit schenken, wirft sie doch einmal mehr ein Schlaglicht auf das Selbstverständnis einer Journalistengeneration, die immer wieder daran erinnert werden muss, was ihre eigentliche Aufgabe ist. Und nicht zum ersten Mal war es die ARD-Videotextredaktion, die mit einer Meldung aufwartete, deren Nachrichtenwert aus zwei Zeilen bestand, aber als Alibi dafür diente, den verhassten US-Präsidenten herabzuwürdigen. Fast auf den Tag genau ein Jahr nach dessen Amtseinführung hatte der routinemäßige Gesundheitscheck Donald Trump bescheinigt, sich "bester Gesundheit" zu erfreuen.

Der Videotextredaktion war das allerdings zu wenig. Nur ungern wollte man das eigene Feindbild in einem guten Licht erscheinen lassen – und sei es auch nur in Bezug auf dessen Gesundheitszustand. So wurde die Meldung zum willkommenen Anlass genommen, dem amerikanischen Staatsoberhaupt unterschwellig zu attestieren, nicht alle auf der Reihe zu haben. "Die geistige Verfassung des 71-Jährigen war nicht Teil der Untersuchung", hieß es süffisant in dem als "Nachricht" verbreiteten Schmähtext, der mit dem vielsagenden Hinweis schloss, ein "Enthüllungsbuch" habe die Debatte über "Trumps Fähigkeiten für das Amt" neu entfacht.

Noch gut in Erinnerung ist die leidenschaftliche Diskussion darüber, was Satire darf. Sie fand ihren Weg seinerzeit gar bis in höchste diplomatische Kreise, nachdem ein deutscher Fernsehschaffender den türkischen Präsidenten öffentlich geschmäht hatte. Die "Staatsaffäre Böhmermann" führte dazu, dass die Bundesregierung beschloss, den Straftatbestand der "Beleidigung von Organen und Vertretern ausländischer Staaten" abzuschaffen. Anfang 2018 trat die Streichung des sogenannten Majestätsbeleidigungsparagraphen in Kraft. Auch weiterhin gültig sind aber selbstverständlich jene Paragraphen des Strafgesetzbuches, die die grundsätzliche Strafbarkeit von Beleidigung, übler Nachrede und Verleumdung betreffen. In die Niederungen des Strafgesetzbuches muss man sich allerdings gar nicht erst verirren.

Denn für den Journalismus gelten Selbstverpflichtungsgrundsätze, die in einem Pressekodex niedergelegt sind. Als "oberstes Gebot der Presse" definiert dieser Kodex die Wahrung der Menschenwürde. "Es widerspricht journalistischer Ethik, mit unangemessenen Darstellungen in Wort und Bild Menschen in ihrer Ehre zu verletzen", liest man dort. Auch auf einige andere Grundsätze könnte man mit Blick auf die abfällige Trump-Berichterstattung verweisen, doch bleibt vor allem der Befund, dass Journalisten kaum noch Nachrichten übermitteln, die nicht auch Kommentierungen enthalten. Es scheint den Diven in den Redaktionsbüros geradezu unmöglich, ihr aufdringliches Sendungsbewusstsein unter Kontrolle zu halten.

So wird besonders wohlwollend über genehme Ereignisse berichtet, begleitet von Moralappellen und Verhaltens-
maßregeln. Umgekehrt lassen Journalisten allzu gerne ihr
Missfallen in die "Nachricht" einfließen, wenn das, wo-
rüber sie berichten müssen, ihrem Weltbild zuwiderläuft.
Natürlich passiert dies selten derart offensichtlich, wie im
Falle des US-Präsidenten. Vielmehr wird durch eine gezielte Begriffsverwendung, geschicktes Weglassen oder
das Erzeugen vermeintlicher Kausalitäten Stimmung gemacht. Für die Berichterstattung über Trump scheint der
eigene Kodex jedenfalls nicht zu gelten. Über die großen
innenpolitischen Erfolge seines ersten Amtsjahres berichtete man hierzulande ohnehin höchst widerwillig.

Viel lieber füllt man Seiten und Sendezeiten mit Jubelarien über Politiker, die unsere Welt in die von den Journalisten gewünschte Richtung verändern, etwa durch die
Absage an jede nationalstaatliche Identität oder die In-
stallierung zentralistisch geführter Umverteilungsappara-
te anstelle demokratisch gewählter Parlamente. Wer sich
derlei Verrücktheiten entgegenstellt, wird gnadenlos verfolgt, auch wenn er Präsident der Vereinigten Staaten ist.
Welcher Journalist würde es hingegen wagen, Angela
Merkels geistige Eignung für ihr Amt infrage zu stellen?
Oder die von EU-Chef Juncker? Letzerer wirft mit seinen
jelzinesken Auftritten in der Tat Fragen auf. Seine amts-
ärztlichen Untersuchungsergebnisse sind indes nicht Gegenstand der Berichterstattung. Vielleicht würde ein Teil
dieser Antworten die Bevölkerung ja verunsichern.

SPD am Ziel
Der Angriff auf Grenzen und Geldbeutel

Am Ende war es weniger knapp als von vielen prognostiziert: Gut 56% der Delegierten des SPD-Sonderparteitags stimmten dafür, Koalitionsverhandlungen mit der Union aufzunehmen. Es war ziemlich kühn, von einem anderen Ergebnis auszugehen, gehören Parteitagsdelegierte in der Regel doch zu den Günstlingen der Funktionärskaste, die die Posten verteilt. Man könnte also den Hut ziehen vor jenen 279 Delegierten, die sich dem Beschluss entgegengestellt haben, wäre die Motivation vieler nicht die gewesen, dass ihnen die Union immer noch nicht weit genug nach links gerückt ist. Die Koalitionsgespräche werden zügig beginnen, um fast ein halbes Jahr nach der Bundestagswahl eine Regierung zu bilden, die nicht mehr nur geschäftsführend tätig ist.

SPD-Chef Martin Schulz hatte die 600 Delegierten auf dem Parteitag in Bonn regelrecht angefleht, für die Neuauflage jenes Bündnisses zu stimmen, das er lange Zeit ausgeschlossen hatte, weil er – wie fast alle anderen Parteien – nicht mit Merkel zusammenarbeiten wollte. Eine geplatzte "Jamaika"-Verhandlung und einen Ordnungsruf durch seinen Parteigenossen Steinmeier später will er von seiner harschen Absage an eine "Große Koalition" nichts mehr wissen. Ebenso wenig wie seine ehemalige Generalsekretärin Andrea Nahles, die Merkel & Co. nach dem Wahlabend nur noch "eins in die Fresse geben" wollte.

Von "staatspolitischer Verantwortung" faseln Schulz und
seine Genossen, und der selbsterklärte "kleine Mann" aus
Würselen, der in Wahrheit Brüsseler Millionär ist, hallu-
ziniert gar eine "demokratische Ausnahmesituation" her-
bei, in die das gescheiterte "Jamaika"-Projekt die Republik gestürzt habe. Dabei weiß er so gut wie jeder andere,
dass dies grober Unfug ist. Wenn man denn überhaupt
von einer "Ausnahmesituation" sprechen mag, dann trifft
dies allenfalls auf den Parteienstaat zu, der sich auf dem
Tiefpunkt befindet. Grund dafür ist aber nicht etwa das
"Jamaika"-Aus, wie Schulz behauptet, sondern die Serie
von Rechtsbrüchen durch die bisherige Bundesregierung,
an denen die SPD großen Anteil hat.

Die Aufgabe staatlicher Ordnung, das ritualisierte Messen mit zweierlei Maß und die unverhohlenen Angriffe
auf die Meinungsfreiheit haben Politik und Rechtsstaat in
eben jene Glaubwürdigkeitskrise gestürzt, die der "Großen Koalition" ihr niederschmetterndes Bundestagswahl-
ergebnis beschert hat. Mit ihrem Parteitagsbeschluss hat
sich die einst stolze SPD nun endgültig von ihrer langen
Geschichte als Volkspartei verabschiedet. Sie wird künftig als alleinige Mehrheitsbeschafferin für eine Bundesregierung ausfallen. Die Zeiten, in denen man von einer
"Großen Koalition" sprechen konnte, sind damit vorbei.
Martin Schulz weiß das. Die jüngsten Umfragen haben
einen Fingerzeig dafür geliefert, was ihm und seinen Genossen droht: Schon scheint die 20%-Marke auf absehba-
re Zeit außer Reichweite.

Dass ein Weiterregieren mit Angela Merkel das kleinere Übel sei, ist daher wenig glaubwürdig. Doch Glaubwürdigkeit ist ohnehin nicht das Markenzeichen der Berufspolitik. Und schon gar nicht das des Brüsseler Bürokraten, der für Deutschland nicht viel übrig hat, sondern sein Augenmerk ausschließlich auf Europa richtet. Außenminister könnte der ehemalige Würseler Bürgermeister werden, hört man, ein Traumjob für den Mann, der nach einem Jahr ziellosen Umherirrens einst von seinem Schulleiter in eine Buchhandelslehre vermittelt wurde, nachdem es für die weiterführende Schule einfach nicht gereicht hatte. Damit wäre Schulz am Ziel, könnte er doch als deutscher Minister effektiver als zu EU-Zeiten dafür sorgen, das Brüsseler Machtzentrum gegen die eigenen Bürger abzuschotten, auf dass es nie wieder durch das Störfeuer der Demokratie ins Wanken geraten möge.

Dazu werden mehr und mehr supranationale Institutionen geschaffen, die sich der Legitimierung durch die Wähler entziehen, immer neue Umverteilungsmechanismen verankert, um unwillige Staaten gefügig oder wenigstens erpressbar zu machen, und Abermillionen weit her Gereiste angesiedelt, die keinerlei Leidenschaft spüren, die Souveränität ihrer neuen Heimatstaaten zu verteidigen. Nur die als nächstes befragten SPD-Mitglieder könnten jetzt noch verhindern, dass Merkel Kanzlerin bleibt und der europäische "Supernanny"-Staat errichtet wird. Sie werden aber Ersteres in Kauf nehmen, um Letzteres zu bekommen. Auf Deutschlands Bürger kommen schwere Zeiten zu.

"Migration ist keine Flucht"
Die plumpe Imagekampagne des Bundespräsidenten

Über Angela Merkels Edel-Fan habe ich bereits häufiger geschrieben. Jetzt hat sich Frank-Walter Steinmeier mit einer "Erkenntnis" zu Wort gemeldet, die Fassungslosigkeit hervorruft. Nicht, weil sie so neu wäre oder der Bundespräsident gar Ungeheuerliches ausgesprochen hätte, sondern weil er Millionen von Bürgern für dieselbe Feststellung rund zwei Jahre zuvor noch als "geistige Brandstifter" diffamiert hatte. Man müsse "zwischen Migration aus wirtschaftlichen Gründen einerseits und Flucht vor Krieg oder Verfolgung andererseits" unterscheiden. Die Not von Menschen "darf uns niemals gleichgültig sein", gab Steinmeier zu Protokoll, um im selben Atemzug klarzustellen: "Aber nicht jede Notlage begründet einen Anspruch auf Aufnahme in Deutschland oder Europa."

Potztausend! Dabei waren es Steinmeier & Co., die jahrelang jeden in die extreme rechte Ecke gestellt hatten, der auf diese Unterscheidung pochte und auf die Einhaltung der Asylgesetze sowie der Genfer Flüchtlingskonvention bestand. Und nach wie vor verwenden Medien und Politik jede Menge Energie darauf, alle zu Verfolgten zu erklären, die sie nach Deutschland gelockt haben. Wer seit 2015 einen Fuß auf deutschen Boden setzt, gilt automatisch als "Flüchtling". Bis heute bemüht die politmediale Kaste den Begriff für sämtliche Zuwanderer aus Afrika, dem Mittleren Osten oder dem arabischen Raum.

Nun will der Bundespräsident tatsächlich erkannt haben, dass man differenzieren muss, weil es eben reichlich unfair ist, wenn jemand das Asylrecht missbraucht, um in den Genuss eines Bleiberechts und der finanziellen Unterstützung seines Gastlandes zu gelangen. Eine bemerkenswerte Wortmeldung des Mannes, der bisher in seinem Amt nur in Erscheinung getreten war, wenn es darum ging, Merkels Stuhl zu retten. Doch niemand sollte so naiv sein anzunehmen, dass Steinmeier an der verbotenen Frucht der Erkenntnis genascht haben könnte. Natürlich weiß er wie alle anderen Verantwortlichen auch, dass Deutschlands Bürger von Politik und Medien jahrelang vorgeführt worden sind.

Der perfide Trick, alle als "Flüchtlinge" zu deklarieren, die im Zuge der seit 2015 stattfindenden Völkerwanderung nach Deutschland gekommen sind, diente lediglich dem Zweck, die Bevölkerung in die moralische Pflicht zu nehmen und die Rechtsverstöße der Regierenden zu legitimieren. Letzteres muss man auch Steinmeier vorwerfen. Als Außenminister trug er gemeinsam mit der Kanzlerin die Hauptverantwortung dafür, die Sicherung der nationalen Grenzen aufgegeben, das Dublin-Abkommen außer Kraft gesetzt und mehr als eine Million Wirtschaftsmigranten ohne Prüfung der Identität Einlass nach Deutschland gewährt zu haben. Dabei wurde billigend in Kauf genommen, dass Hunderttausende Illegale Unterschlupf finden konnten. Bis heute weiß niemand, wo sie sich aufhalten und was sie im Schilde führen.

Man muss sich wundern, wie wenig die "vierte Gewalt" im Staat Steinmeiers Volte zum Anlass nimmt, diesen zu hinterfragen. Wer unbescholtene Bürger als Minister dafür an den Pranger gestellt hat, dass sie die Einhaltung von Recht und Gesetz fordern, hätte es ohnehin niemals ins höchste Staatsamt schaffen dürfen. Steinmeiers medienträchtige Äußerung ist selbstverständlich nichts weiter als taktisches Kalkül. Sie ist Teil einer eigenartig abgestimmt wirkenden Rolle rückwärts, an der sich auch Vertreter anderer Parteien beteiligen, die sich bisher strikt geweigert hatten, zwischen Flucht und Migration zu unterscheiden. Der etablierten Politik schwimmen die Felle davon, da versucht man, sich ans Wahlvolk anzuwanzen. Steinmeiers Mahnung ist deshalb so durchschaubar wie unglaubwürdig – und sie kommt Jahre zu spät.

Nun wäre wenigstens für Deutschlands Journalisten der Zeitpunkt gekommen, den Bundespräsidenten zu einer öffentlichen Entschuldigung aufzufordern. Längst hätten die Redaktionen auch eine Kanzlerin zur politischen Persona non grata erklären müssen, deren Rechtsbrüche erst die schier unüberbrückbaren Gräben aufgerissen haben, die sich quer durch unsere Gesellschaft ziehen. Angela Merkel, Frank-Walter Steinmeier und die vielen anderen "GroKo"-Darsteller sind die Hauptschuldigen am Zerfall der Demokratie und des Rechtsstaats. Es ist Zeit, auch in Deutschland die "politische Elite" von Grund auf zu erneuern, damit sich eine geschundene Nation erholen und eine schwer verwundete Gesellschaft genesen kann.

Das Lautsprecher-Urteil
Die halbherzige Zurückweisung des politischen Islams

In Deutschland gibt es fünf bis sechs Millionen Muslime. Wie viele es genau sind, weiß niemand. Die Schätzungen schwanken, was unter anderem damit zu tun hat, dass manche Erhebung nur Gläubige berücksichtigt, die sich aktiv zum Islam bekennen, während die offizielle Statistik des Bundesamtes für Migration und Flüchtlinge richtigerweise alle umfasst, die dem islamischen Kulturkreis entstammen, weil es für die vielfältigen Problemstellungen rund um das Zusammenleben keine Rolle spielt, ob sich ein muslimisch geprägter Befragter für religiös hält oder nicht. Da deutschstämmige Konvertiten nicht mitgezählt werden und keine neueren Zahlen als die des Jahres 2016 vorliegen, dürfte die Zahl der Muslime längst deutlich höher liegen.

Einer Studie des Forschungsinstituts Pew Research Center zufolge könnte ihr Anteil in Deutschland bis 2050 auf ein Fünftel der Gesamtbevölkerung steigen; es gäbe dann gut dreimal so viele Muslime wie heute. Bilden Türkischstämmige derzeit noch knapp die Hälfte dieser Gruppe, so sinkt ihr Anteil durch die Zuwanderung kontinuierlich. Kein Wunder, dass Recep Tayyip Erdoğan nervös wird. Der religiöse Führer der Türken, der sich gerne mit weltmännischem Auftreten als Staatsmann tarnt, erlebt auch, dass die deutsche Politik seinem verlängerten Arm Ditib heute skeptischer gegenübersteht als noch vor Jahren.

Der einflussreiche islamische Dachverband soll die Massen organisieren und hier lebende Türkischstämmige beständig an ihre Bürgerpflicht erinnern. Sie besteht darin, dem Islam an die Macht zu verhelfen und durch fleißiges Kinderkriegen dafür zu sorgen, dass schon die schieren Zahlen irgendwann jede weltliche Gegenwehr sinnlos erscheinen lassen. Doch auf dem Weg dorthin hat Erdoğans Ditib nun eine Schlappe erlitten. Das Verwaltungsgericht in Gelsenkirchen untersagte der türkischen Religionsgemeinde, in Oer-Erkenschwick per Lautsprecher zum Freitagsgebet aufzurufen. Damit kippte es die seit 2013 existierende Genehmigung der Stadt, die sich im Verlaufe der Verhandlung einer vom Gericht angeregten gütlichen Einigung ebenso verweigert hatte wie die Islamgemeinde.

Zwar hatte Letztere den Lautsprecher-Ruf des Muezzins aufgrund der Klage im Sommer 2015 gestoppt, doch war sie offenbar zu keiner Zeit bereit, konstruktiv mit ihren Kritikern zu diskutieren. Ein syrischer Anwohner christlichen Glaubens sei gar massiv bedroht worden und habe die Absicht einer Klage daher aufgegeben. Nicht so das obsiegende Ehepaar, das insbesondere vorgebracht hatte, dass es ihm hauptsächlich um den Inhalt des Rufes gehe, der "Allah über unseren Gott der Christen stellt". Zu diesem Aspekt äußerten sich die Richter jedoch nicht, sondern begründeten ihr Lautsprecherverbot mit der unverfänglichen Rüge, es hätte einer Befragung der Nachbarschaft bedurft, um sicherzustellen, dass sich durch das Megaphon des Muezzins niemand gestört fühle.

Ein Erfolg ist das Urteil deshalb nur vordergründig, entpuppt sich seine Begründung doch eher als halbherzige Absage an einen aufdringlichen Islam, der weitaus mehr will, als seine Gläubigen nur zum Gebet zu rufen. Unverhohlen verkündet der Ruf des Muezzins nämlich den Alleinvertretungsanspruch des Islams zulasten aller anderen Religionen. Darauf hatten die Kläger zu Recht verwiesen und hierzu hätte man sich eine deutliche Stellungnahme gewünscht. Doch das Gericht beließ es bei dem Hinweis auf die sogenannte negative Religionsfreiheit, dem Verbot, anderen eine Religion oder deren Rituale aufzuzwingen. Dies lässt bei ganz Spitzfindigen auch das christliche Kirchengeläut durchfallen.

Es wäre wichtig gewesen, derlei Vergleichen den Boden zu entziehen, indem man klarstellt, dass Kirchenglocken zwar gleichfalls den Gottesdienst ankündigen, der Muezzin-Ruf aber zusätzlich eine ideologische Botschaft enthält, die andere Religionen herabwürdigt. Stattdessen ließ das Gericht Organisationen wie der Ditib eine Hintertür offen, auch künftig unter dem Deckmantel der Religion politisch zu wirken und Andersgläubige einzuschüchtern. In einem säkularen Staat muss sich kein Bürger aufdringliche politische Gesten und Symbole einer sich selbst als Staatform verstehenden Religion gefallen lassen. Dazu gehört nicht nur die in Teilen Europas verbotene Vollverschleierung, sondern eben auch der Gebetsruf. Die Richter hätten ein Signal setzen können. Eine vertane Chance, den politischen Islam in die Schranken zu weisen.

Hemmungsloser Hass
Der Missbrauch eines behinderten Andersdenkenden

Der öffentlich-rechtliche Rundfunk fällt regelmäßig aus der Rolle. So oft, dass viele Zuschauer schon gar nicht mehr merken, was ihnen da an Unwahrheiten, Propaganda und Verleumdungen aufgetischt wird. Selbst bei kritischen Geistern ist der Abstumpfungseffekt mittlerweile spürbar. Die Strategie des Staatsfunks scheint also aufzugehen. Ohnehin herrscht ein Gefühl der Machtlosigkeit, weil man sich der Erpressung der Fernsehgebühren nicht erwehren kann und damit keinen wirksamen Hebel hat, um die Verantwortlichen zur Vernunft zu bringen.

Zwar mussten sich die Programmmacher, deren Indoktrinierung bereits im Kinderkanal beginnt, mehrfach dafür entschuldigen, dass sie in ihrer Berichterstattung die Fakten verdreht, Täter zu Opfern gemacht oder schlichtweg gelogen hatten, doch hält sie dies keineswegs von neuen Schandtaten ab. Gerne verunglimpft man auch den politischen Gegner. Dabei hat die "heute-show" einmal mehr einen Tiefpunkt gesetzt. Oliver Welke, der sich in seiner Sendung mit Vorliebe auf die üblichen Opfer des linksgrünen Meinungskartells stürzt, machte sich diesmal über den AfD-Vertreter Dieter Amann lustig, der wegen einer Sprachbehinderung Schwierigkeiten hatte, als geladener Experte in einem Bundestagsausschuss zu reden. Welke führte dem johlenden Publikum das Video des Stotternden vor, wobei er die Selbstvorstellung Amanns wegließ.

In dieser hatte der Sachverständige die Ausschussmitglieder um Verständnis für seine Sprachbehinderung gebeten, was den Studiobesuchern und Fernsehzuschauern verborgen blieb, die sich bei Welke so gerne an der Verteufelung derer befriedigen, die nicht zum links-grünen Milieu gehören. Das Ganze wäre für sie aber nur halb so lustig gewesen, hätte sich Welke den Abgeordneten einer anderen Partei vorgeknöpft. Denn am liebsten berauscht sich der Mainstream an der Hetze gegen Andersdenkende. Auf Minderheiten lässt es sich eben herrlich eindreschen, wenn man sich im Kreis der selbsterklärten Guten wähnt. Es dauerte jedoch nicht lange, bis die Vollversion des Ausschussmitschnitts im Internet zusehen war. Nun wurde klar: Dieter Amann verdient großen Respekt dafür, sich trotz seiner Behinderung an exponierter Stelle politisch zu betätigen.

Es dürfte dem Sachverständigen der AfD alles andere als leicht gefallen sein, auf ungewohnter Bühne vor so vielen politischen Kollegen zu sprechen, die seiner Partei weit überwiegend feindlich gegenüberstehen. Schon ohne sein Sprach-Handicap wäre dies eine Herausforderung gewesen. Doch statt Respekt erntete Amann durch die Weglassung der Information über den Grund seines Stotterns Häme. Er hatte sich gegen den Familiennachzug und die schleichende Aufgabe nationaler Grenzen gewandt, was für den Mainstream der Gotteslästerung gleichkommt. Da wollte die "heute-show" offenbar im Gegenzug die Grenzen des Anstands abschaffen.

Ein veritabler Shitstorm ergoss sich über Welke und seine Redaktion, nachdem immer mehr Internetmedien über die miese Masche der "heute-show" berichtet hatten. Zunächst versuchte das ZDF den Skandal kleinzuhalten, indem fortlaufend kritische Kommentare von den eigenen Seiten in den sozialen Netzwerken gelöscht wurden. Als man der Beschwerden nicht mehr Herr wurde, suchte der Sender die Flucht nach vorn – und machte damit alles nur schlimmer. Die Sprachbehinderung sei für die Redaktion "nicht erkennbar" gewesen. Man habe nicht die Absicht gehabt, sich "über diese Behinderung lustig zu machen", behaupteten die Zuständigen. "Hätten wir davon Kenntnis gehabt, hätten wir den Ausschnitt natürlich nicht gesendet", versuchte man sich in Schadensbegrenzung.

Es ist absolut unglaubwürdig, dass eine Redaktion beim Sichten von Sendematerial ausgerechnet den Teil übersehen haben will, in dem ein Redner auf seine Sprachbehinderung verweist. Man darf also schon Absicht unterstellen. Der Staatsfunk hat die Hemmschwelle in der Bekämpfung Andersdenkender damit wieder ein Stück gesenkt. "Immer bösartiger, immer niederträchtiger, immer noch ein Schippchen drauf, bis der Zuschauer nicht mehr zusammenzuckt, sondern ein Gewöhnungseffekt eingetreten ist", wie eine Leserin meines Blogs, treffend formuliert hat. Und sie trifft den Nagel auf den Kopf, wenn sie warnt: "Der Übergang zwischen psychischer und physischer Vernichtung des politischen Gegners ist ein fließender." Dem ist nichts hinzuzufügen.

The Walking Dead
Die gefährlichen Untoten der Berliner Republik

Es ist Februar. Immer noch ringt der Politzirkus mit dem Ergebnis der lange vergangenen Bundestagswahl. Und er ringt vor allem mit sich selbst. Kaum auszudenken, wenn auch der zweite Versuch, eine Mehrheit zum Regieren zu organisieren, in die Hose ginge. Für Deutschland wäre es ein Segen, doch für die Untoten der Wahlverlierer wäre es das tatsächliche Ende. Zwar sieht die neuerliche "Große Koalition", die keine mehr ist, nur noch einer dreieinhalbjährigen Amtszeit entgegen, doch lassen die angekündigten Vorhaben selbst für den kurzen Regierungsabschnitt Schlimmes befürchten.

Insbesondere die offenkundigen Sympathien für den Umbau Europas zu einem sozialistischen Zentralstaat nach französischem Vorbild und der erklärte Wille, auch künftig auf die Durchsetzung des Asylrechts zu verzichten, machen Angst. Es droht die Fortsetzung des Irrwegs statt der Umkehr aus der Sackgasse und die weitere Spaltung der Gesellschaft statt der Stärkung der Demokratie. Merkel & Co. gleichen Zombies, die scheinbar ziellos umherirren. Dabei haben sie in Wirklichkeit einen grausamen Plan. Ihre Schwerfälligkeit ist nur Tarnung. Mit Einigkeit und Entschlossenheit wäre ihnen beizukommen. Statt die eigene Überzahl zu nutzen, hoffen Deutschlands Bürger jedoch verschont zu bleiben, wenn sie nicht auffallen und den Zombies nicht in die Quere kommen.

Ganz naive Zeitgenossen glauben die Dinge zum Guten wenden zu können, indem sie sich mit den "lebenden Toten" gemein machen – und laufen schon bald selbst als Zombies mit ihnen herum. Unbesiegbar sind Untote aber nicht. Dies musste auch Martin Schulz erfahren. Vor Jahresfrist mit Glanz und Gloria auf den SPD-Thron gehoben, trollte sich der langjährige EU-Bürokrat nun kleinlaut von dannen, nachdem er zwischenzeitlich eine Kanzlerkandidatur vergeigt hatte und spektakulär dabei gescheitert war, sich das Außenministerium unter den Nagel zu reißen. Steiler war der Absturz eines Berufspolitikers wohl nie, ohne dass er in einen Skandal verwickelt gewesen wäre. Innerhalb von gut einem Jahr ist der einst mächtige Präsident des EU-Parlaments zum Hinterbänkler im Bundestag abgestiegen.

Immerhin hat Schulz von sich aus die Konsequenzen gezogen und sich von Ämtern und Ambitionen verabschiedet. Das verdient bei aller Genugtuung darüber, dass einer der größten Blender der Berliner Republik gescheitert ist, Respekt. Seinem Pendant an der CDU-Spitze würde schon ein Bruchteil dieser Selbstkritik gut zu Gesicht stehen. Angela Merkel ist lange vor Martin Schulz gescheitert – spätestens bei der Bundestagswahl war dies auch an den Zahlen abzulesen. Seither treibt sie als politische Untote ihr Unwesen, zuletzt mit einem Koalitionsvertrag, in dem die Union die drei wichtigsten Bundesministerien an die SPD verschenkt. Immerhin habe man das Kanzleramt für sich reklamieren können, spotten Parteimitglieder.

Auch Horst Seehofer will nicht recht erkennen, dass er längst als Untoter durch Berlin geistert. Er soll als designierter Heimatminister die vergraulte Stammwählerschaft zurückgewinnen, so Merkels Plan. Doch wer glaubt, verloren gegangene Konservative mit der Ausrufung eines "Heimatministeriums" ködern zu können, während er die irre Politik der letzten Jahre unverändert fortführt, hat sich wohl tatsächlich seit geraumer Zeit nicht mehr unter den Lebenden bewegt. Die Kanzlerin nährt diesbezüglich manchen Zweifel. Erst recht seit Sonntagabend. Als Reaktion auf die lauter werdende Kritik, hatte sich die Regierungschefin selbst in eine ZDF-Sendung eingeladen, um klarzumachen, dass sie unbeirrt voranschreiten wird. Das Gebaren kennt man aus Diktaturen: Die Mächtigen befehlen ihrem Staatsfunk, Sendezeit bereitzustellen, um das Volk zurück in die Spur zu bringen.

Die angsteinflößendste aller Berliner Untoten hatte einen gruseligen Auftritt, in dessen Verlauf die Zuschauer ungläubig mit anhören mussten, wie Angela Merkel voller Selbstzufriedenheit den Koalitionsvertrag lobte und jeden Zweifel an ihrer Kanzlerschaft beiseite wischte. Sie werde auch wieder antreten, wenn es zu Neuwahlen komme, drohte sie. Dass sie darüber ganz sicher nicht mehr zu befinden hätte, scheint der Frau entgangen zu sein, die Parteigremien und Parlamente nur als lästige Ärgernisse zu betrachten scheint. Man fragt sich, was in ihrem Kopf vorgeht. Weil wir gerade davon reden: Als einer der besten Zombie-Filme aller Zeiten gilt übrigens "Braindead".

Der verhinderte Marsch
Wenn der Staat das Recht nicht mehr schützt

Es ist ein kurzer Weg, den der Berliner Frauenmarsch zurücklegen kann, bis nichts mehr geht. Bis zum Checkpoint Charlie kommt die Gruppe der mehr als 1.000 Demonstranten, ehe sie von einigen Hundert linken "Kämpfern" gestoppt wird. Später werden Deutschlands Journalisten die Zahlen einfach umkehren, um das Anliegen der Frauendemonstration kleinzureden und das straff organisierte Kommando ultralinker Gruppierungen zum spontanen Massenprotest gegen rechts zu verklären. Sie werden die Frauenrechtlerinnen zu "rechten Frauen" machen und die Freiheitsgegner zu "Gegendemonstranten".

Der Passivität der Polizei ist es geschuldet, dass der zahlenmäßig unterlegene links-grüne Block den angemeldeten und genehmigten Demonstrationszug am Weiterlaufen hindern kann. Mit gutem Zureden versuchen die Beamten die intolerante linke Meute zur Aufgabe ihrer Blockade zu bewegen, ganz offensichtlich mit der Order ausgestattet, keinesfalls Zwang anzuwenden, um Bürgern zu ihrem Recht zu verhelfen. Stattdessen dürfen die Störer unbehelligt ihr Unrecht durchsetzen. Am Ende müssen die friedlichen Demonstranten aufgeben, als sie merken, dass ihre Polizei ihnen nicht helfen darf. Wer nicht Leib und Leben riskieren will, geht lieber auch dem überall lauernden linken Mob aus dem Weg, der schon Teile von Großstädten in Kriegsgebiete verwandelt hat.

Auf den Staat kann längst nicht mehr hoffen, wer für das "Falsche" eintritt. Niemand in der polit-medialen Echokammer, der sich empört über den groben Verstoß gegen das Versammlungsrecht. Nicht eine Stimme, die fordert, den Kampf gegen den Linksextremismus zu intensivieren. Kein Politiker, kein Journalist, der vor antidemokratischen Gesinnungen warnt. Oh doch, Moment, Letztere gibt es. Aber sie warnen nicht etwa vor den gewaltbereiten Gesetzlosen des linken Blocks, sondern vor friedlichen Demonstranten, die ein verfassungsmäßig verbrieftes Recht wahrnehmen. Dafür reicht es, dass Leyla Bilge, die Organisatorin der Kundgebung gegen die Migrationspolitik der Bundesregierung, der AfD angehört. Und erst recht, dass sich einer in die Demonstration drängelt, der nichts mit den Organisatoren zu tun hat, aber irgendwann mal die PEGIDA-Märsche ins Leben gerufen hat.

Doch was haben sich die Protestler zuschulden kommen lassen? Was ist es, das einen Staat dazu verleitet, seinen Bürgern den polizeilichen Schutz zur Durchsetzung ihres Rechts zu verweigern? Die Antwort ist simpel: Es ist die zur Staatsfeindlichkeit umdefinierte Ablehnung der Merkelschen Willkommenskultur und der öffentliche Protest gegen das mittelalterliche Frauenbild muslimischer Zuwanderer, das schon so viele Opfer gefordert hat. Gerade dieses Frauenbild sollte aber Grund genug sein, von den Verantwortlichen zu fordern, nicht länger wegzuschauen, sondern für mehr Sicherheit zu sorgen und Maßnahmen zur Durchsetzung des Rechtsstaats zu ergreifen.

Käme die Gefahr von rechts, gäbe es also ein offensichtliches Muster frauenschändender Nazis, längst hätte unser Staat nicht nur größten Eifer gezeigt, sondern würde Demonstrationen mit umfangreichen Mittelzuweisungen und parteipolitischer Prominenz stärken. Doch die Frauen sind eben keine Opfer von Nazis geworden – da können die Muster noch so klar auf der Hand liegen. Wer den Islam kritisiert, bekommt ohnehin keine Unterstützung. Er wird vielmehr bekämpft, egal wie berechtigt sein Anliegen ist. Er wird selbst dann zum Freiwild erklärt, wenn sein Name Imad Karim oder Leyla Bilge lautet und man davon ausgehen kann, dass hier jemand weiß, wovon er spricht. Doch ganz gleich, ob mit Migrationshintergrund, weiblich oder schwul – wer nicht sämtliche Strophen des Willkommensliedes auswendig mitsingt, ist ein Nazi.

Dieses absurde Denkmuster ist über die letzten Jahre von den polit-medialen Marketingstrategen so perfide bedient worden, dass es heute für die Aberkennung von Grundrechten taugt. Wenn wir schon dabei sind: Die Verhinderung der Frauendemo ist eine Straftat. Dazu sei §21 des Versammlungsgesetzes zitiert: "Wer in der Absicht, nicht verbotene Versammlungen oder Aufzüge zu verhindern oder zu sprengen oder sonst ihre Durchführung zu vereiteln, Gewalttätigkeiten vornimmt oder androht oder grobe Störungen verursacht, wird mit Freiheitsstrafe bis zu drei Jahren oder mit Geldstrafe bestraft." Eigentlich eine klare Ansage. Wetten, dass trotzdem kein einziger linksgrüner Täter bestraft wird?

Tafel am Pranger
Jagd auf die Verweigerer des Refugees-First-Befehls

Seit 1995 gibt es die Essener Tafel. Als Projekt aus dem Kirchenumfeld gestartet, gehört der von 120 Ehrenamtlichen getragene Verein zu den ältesten Tafeln in Deutschland. Woche für Woche werden rund 6.000 Personen und mehr als 100 Einrichtungen versorgt. Die Finanzierung erfolgt ausschließlich über Spenden. Ein echtes Vorzeigeprojekt gelebter bürgerlicher Solidarität aus der Mitte der Gesellschaft. Doch nun steht die Essener Tafel am Pranger, weil sie die von der Politik geschaffenen Probleme nicht länger tatenlos hinnehmen will. Vor geraumer Zeit hatte man auf der eigenen Webseite mitgeteilt, dass bis auf weiteres nur noch Bedürftige mit deutschem Pass aufgenommen würden.

Dies diene dazu "eine vernünftige Integration zu gewährleisten", da der Anteil ausländischer Mitbürger inzwischen auf 75% angestiegen sei. Man wolle so lange keine Ausländer aufnehmen, "bis die Waage wieder ausgeglichen ist", so Tafel-Leiter Jörg Sartor. Grund sei das rücksichtlose Verhalten vieler Migranten, wodurch vor allem ältere Frauen der Tafel fernblieben. Die Maßnahme wurde akzeptiert – bis eine Lokalredaktion darüber berichtete. Eingepeitscht von den einschlägigen Interessenverbänden und der profilierungssüchtigen Politik, dreht sich seither das Empörungskarussell. Alle treibt nur noch eine Frage um: Spielt die Tafel Rechten in die Hände?

Diskriminierend und rassistisch sei das Vorgehen, kritisieren jene, deren Wirken für die Schwächsten der Gesellschaft sich auf auswendiggelernte Sonntagsreden beschränkt. Zuspruch erhält die Tafel hingegen von weiten Teilen der Bevölkerung, die im Gegensatz zu den Parteisoldaten der Berufspolitik mitten im Leben steht. Und es ist kein Zufall, dass Essens Oberbürgermeister Thomas Kufen sich ebenfalls hinter die Tafelbetreiber stellt. Nicht zum ersten Mal positioniert sich ein kommunaler Verantwortungsträger gegen die Marktschreier der Empörungsindustrie, die aus ihren Elfenbeintürmen heraus die Rassismus-Keule schwingen. Reflexartig greifen die Parteimarionetten in ihre Rhetorik-Kiste, um die üblichen Satzbausteine aneinanderzureihen, mit denen Bürger ausgegrenzt und an den Pranger gestellt werden, die sich der "Refugees first"-Doktrin entgegenstellen.

Wer sich dem polit-medialen Befehl widersetzt, der Zufriedenheit von Zuwanderern höchste Priorität einzuräumen, wird zum Rassisten gestempelt – da kann die Lebensleistung voller ehrenamtlicher Aufopferung noch so beeindruckend sein. Doch Jörg Sartor will standhaft bleiben, trotz aller Angriffe aus Medien, Verbänden und Politik. Recht hat er. Es ist nicht Aufgabe privater Hilfsprojekte, das Scheitern der Berufspolitik aufzufangen. Vor allem ist es nicht Aufgabe der Tafeln, der am besten versorgten Gruppe der Gesellschaft ausgewählte Kost darzureichen und dabei sämtlichen religiösen Befindlichkeiten Rechnung zu tragen.

Statt dies klarzustellen, macht sich die Chefin der Berliner Tafel zur Anführerin der Hexenjäger, indem sie vor einer Zweiklassengesellschaft warnt. Zu gerne hätte man von ihr gehört, als im Mai 2017 die Tafel in Nidda beschloss, muslimische vor nicht-muslimischen Tafelbesuchern zu bedienen, damit sich Erstere zunächst die ihnen genehmen Waren aussuchen können. Damals nahm niemand aus Politik und Verbänden Anstoß an der offenkundigen Zweiklassengesellschaft, was nicht verwundert, sind es doch vielfach Bedürftige mit deutschem Pass, die sich seither hinten anstellen müssen.

Auch anderswo rumort es bei den Tafeln und ihren Zehntausenden ehrenamtlichen Helfern. Die Probleme begannen mit der einsetzenden Zuwanderungswelle. So klagte die Wattenscheider Tafel im Jahr 2015 über einen Exodus, als innerhalb weniger Monate 300 Mitarbeiter keine Lust mehr hatten, ihre Zeit und Kraft für Neukunden zu opfern, die ihnen respektlos und mit einer unverschämten Forderungshaltung gegenübertraten. Mehr als 900 Tafeln kämpfen mit diesem verbreiteten Phänomen. Die große Politik interessiert das nicht. Sie stürzt sich lieber auf die angeblichen Rassisten. Doch mit ihrem medialen Getöse und dem Aufschrei der von ihr alimentierten Sozialverbände legt sie einen gewaltigen Sprengsatz bei über einer Million Tafelgängern und mobilisiert nicht etwa Rechte, sondern jenen Teil der Gesellschaft, der nichts zu verlieren hat. Das könnte sich rächen: Es sind die "einfachen Leute", von denen Revolutionen ausgehen.

Angriff der Allianz
Keine Spur von deutschen Demokraten

Wiederholt habe ich über türkische Bestrebungen berichtet, von innen heraus Einfluss auf die deutsche Politik zu nehmen. Seit Jahren erfüllen diese Aufgabe neben zahlreichen "Kulturvereinen" vor allem die türkisch-islamische Union DITIB und die Türkische Gemeinde. Doch die Einflussnahme geht keinesfalls nur von den Vereinigungen aus, die von der Politik zum mächtigen Mitspieler aufgebaut worden sind. Auch in den etablierten Parteien werden die türkisch-islamischen Interessen mit Nachdruck vertreten, nicht zuletzt durch hochrangige Regierungsmitglieder, etwa Aydan Özoğuz, der Schwester zweier Islamisten.

Erstmals trat 2017 mit der Allianz Deutscher Demokraten (ADD) sogar eine türkische Partei bei der Bundestagswahl an. Bei unseren niederländischen Nachbarn befindet sich mit der DENK eine vergleichbare Organisation bereits im höchsten Parlament. Unverhohlen betätigt sie sich dort als Erdoğans Sprachrohr und errichtet öffentliche Pranger für seine Kritiker. Das auf Spaltung angelegte Wirken und der Kampf gegen Kritiker ist das Wesensmerkmal der türkischen Parteigründungen. Sie sind der verlängerte Arm von Erdoğans AKP. Eisern halten Deutschlands Medien dennoch an ihrem Begriff der "Migrantenpartei" fest, um Ziele und Auftrag zu verschleiern. Dies gilt auch in Bezug auf die ADD, die sich im Bundestagswahlkampf ausdrücklich an alle "Türkei-Freunde" gewandt hatte.

Die im Jahr 2016 mit viel Selbstbewusstsein in Nordrhein-Westfalen gegründete Partei hat sich seither kaum ins Gespräch bringen können. Mickrig war der Wählerzuspruch bei der nordrhein-westfälischen Landtagswahl 2017. Und auch die Bundestagswahl endete mit einer Bauchlandung. Gerade einmal 0,1% der Stimmen konnte man verbuchen. Bei der Gründung hatte der Vorsitzende Remzi Aru vollmundig ein Ergebnis von mindestens 10% angekündigt. Dafür hätte es allerdings jener Änderung des Wahlrechts bedurft, die linke und muslimische Gruppen immer wieder ins Gespräch bringen: Eltern sollen für ihre minderjährigen Kinder wählen dürfen. Leicht könnten so pro Familie ein halbes Dutzend Stimmen für die ADD in der Wahlurne landen. Noch ist es nicht soweit, und so muss die ADD auf andere Weise Stimmen erwerben.

Unverhofft hat sich ihr durch die tagelange Diskussion rund um die Essener Tafel eine Möglichkeit eröffnet, auf sich aufmerksam zu machen. Mit einer Strafanzeige will sie dafür sorgen, dass die Tafel ihre Gemeinnützigkeit verliert und Insolvenz anmelden muss. Man habe wegen des von Pro Asyl, einer Sozialministerin sowie der Frankfurter Rundschau bescheinigten Rassismus der Tafelbetreiber einen "Strafantrag wegen dem Verdacht der Steuerhinterziehung aufgrund fehlender Gemeinnützigkeit gestellt". Die Argumentation ist so holprig wie die Formulierung selbst, und natürlich hat die Anzeige keinerlei Aussicht auf Erfolg. Aber darum geht es der Türkeipartei auch gar nicht.

Sie scheint in erster Linie Muslime aufwiegeln zu wollen, allen voran die Millionen von Türken und Türkischstämmigen, deren Stimmen sie brauchen, um an die Fleischtöpfe der großen Politik zu gelangen. Dazu hat die ADD zugleich auch die Einrichtung einer eigenen Armenspeisung namens "SOFRA" angekündigt, dem türkischen Wort für "Tafel", mit dem Ziel der Versorgung von Muslimen. Ein Aufruf an "türkische aber auch Internationale Gaststätten, Restaurants oder Hotels" soll helfen, der eigenen Kundschaft "halal" zubereitetes Essen anbieten zu können. Man könnte es begrüßen, wenn sich neben den vielen bestehenden karitativen Einrichtungen eine weitere bildete, die sich um das Wohl der Ärmsten kümmern wollte. Als Partei muss sich die ADD aber den Vorwurf gefallen lassen, dass sie den Vorwand der Wohltätigkeit dafür missbraucht, potentielle Wähler mit milden Gaben zu ködern.

Der Vorstoß ist auch deshalb so perfide, weil nicht etwa die Schaffung eines Zusatzangebots im Vordergrund steht, sondern der erklärte Wunsch, sich an der Essener Tafel zu rächen. Angela Merkel schweigt dazu, dass die ADD die Essener Vorgänge zur billigen Eigenwerbung missbraucht. Umso redseliger verurteilte sie die Tafelbetreiber in Essen, was den Bundesvorsitzenden der Tafeln dazu veranlasste ihr öffentlich auszurichten, man lasse sich von ihr nicht für die Folgen ihrer falschen Politik rügen. Die polit-mediale Kaste ergreift einmal mehr einseitig Partei. Den Vorwurf des Ausschlachtens hört man immer nur dann, wenn sich vermeintliche oder tatsächliche Rechte artikulieren.

Die Causa Suhrkamp
Das Autorenopfer auf dem Altar der Einheitsmeinung

Es gehört zu den Grundprinzipien autoritärer Systeme, missliebige Personen mundtot zu machen. Dies geschieht auf vielerlei Wegen und wiederholt sich seit Menschengedenken auf immer dieselbe Weise. Doch während z.B. das nationalsozialistische oder das kommunistische Unrechtsregime für alle als Diktatur erkennbar waren, spielt sich die Verfolgung Andersdenkender heute zumeist subtiler ab und erscheint dem Unbedarften nicht mehr sofort als staatlich organisiert. Sie ist es gleichwohl, wie die regelmäßige Ächtung unangepasster Wortmeldungen durch Mitglieder der Bundesregierung zeigt.

Mussten Regime früher einen gewaltigen Aufwand betreiben, um ihre Ideologien auch in die hintersten Winkel der Gesellschaft zu tragen, haben es die Freiheitsfeinde heute ungleich leichter. Über die Online-Redaktionen der Zeitungen, eigene staatliche Internetauftritte und insbesondere den öffentlich-rechtlichen Rundfunk wird innerhalb kürzester Zeit sichergestellt, dass die Botschaften jeden Bürger erreichen. Ein perfides Zusammenwirken von Medien und Politik stellt dabei sicher, dass die Indoktrinierungsmaschine rund um die Uhr läuft, um staatlich gewünschte Sichtweisen zu verankern und kritische Geister einzuschüchtern. Die Politik bedient sich dazu grüner und linker Organisationen, die sie jährlich mit dreistelligen Millionenbeträgen aus Steuergeldern finanziert.

Die autoritären Systeme von heute kommen im trügerischen Gewand des demokratischen Rechtsstaats daher, in dem Abweichler zwar weder Zuchthaus noch Folter zu fürchten haben, der es aber staatlich gewollt zulässt, dass intolerante Freiheitsfeinde die Demokratie missbrauchen, um Andersdenkende zu bekämpfen. Das Netzwerkdurchsetzungsgesetz ist das bislang erschreckendste Konstrukt der modernen Autoritären, die sich auf eine Heerschar von Helfershelfern stützen. Diese sitzen nicht nur in Medienredaktionen und Buchverlagen, sondern in gleichem Maße in grün-feudalen Vorortvillen und linksalternativen Szenebarracken. Dürfte bei Letzeren eher die Verbitterung über die eigene Perspektivlosigkeit hinter der Komplizenschaft mit dem staatlich geförderten Denunziantentum stecken, ist es generell vor allem ein Höchstmaß an ideologischer Verblendung und Intoleranz.

Reagieren die verkrachten Existenzen des linken Spektrums einfach nur den Frust über ihr Scheitern ab, stellen die professionellen Denunzianten die eigentliche Gefahr für die Gesellschaft dar, weil sie Autorität und Reichweite genießen. Der Suhrkamp-Verlag hat diese "Machtposition" missbraucht und einen seiner renommiertesten Autoren auf dem Altar der Einheitsmeinung geopfert. Getroffen hat es Uwe Tellkamp, hochdekoriert und noch vor wenigen Jahren von Politik und Medien begeistert gefeiert. Der 49-Jährige Dresdner hatte sich unlängst im Rahmen einer Podiumsdiskussion kritisch zur Migrationspolitik und zur Hexenjagd auf Andersdenkende geäußert.

Suhrkamp reagierte prompt. Per Twitter-Meldung distanzierte man sich umgehend von seinem Bestsellerautor. Dabei hatte dieser weder irgendjemanden beleidigt, noch etwas auch nur annähernd Extremistisches von sich gegeben. Vielmehr hatte er in der zweistündigen Diskussion vor mehr als 700 Zuschauern im Dresdner Kulturpalast auf die Aushebelung der Gewaltenteilung, die Doppelzüngigkeit der Medien, die Motive vieler Zuwanderer und deren Verklärung als "Flüchtlinge" sowie auf den Islam als "importierte Politik" hingewiesen, deren gesellschaftsverändernde Mechanismen ihm Sorge bereiteten. Das genügte dem Verlag, um sich von einem Buchpreisgewinner abzuwenden.

Suhrkamp hat damit ein weiteres unrühmliches Kapitel in der Hexenjagd auf Meinungsabweichler aufgeschlagen. Tellkamp, der "Meinungsfreiheit ohne Furcht" einforderte, schien bereits während der Podiumsdiskussion zu ahnen, was ihn erwarten sollte, so wie die Regimekritiker in der DDR oder die Bürgerrechtler im Nationalsozialismus wussten, welch fatale Konsequenzen ihre Äußerungen für sie haben würden. Heute wird niemand mehr von der Geheimpolizei abgeholt und verschleppt. Die Zerstörung beruflicher Existenzen und die öffentliche Ächtung wiegen jedoch nicht minder schwer. Und sie erfüllen denselben Zweck. Derweil konzentriert sich die mediale Kommentierung auf die Angst vor der Stärkung "Rechter". Die Gesinnungstäter in den Redaktionen haben trotz aller gegenteiligen Beteuerung offenbar nichts dazugelernt.

Die vermiedene Debatte
Merkels geistlose Antwort auf die Islam-Frage

Sie kam als kleine Randnotiz daher, ohne große mediale
Beachtung. Dabei hätte die repräsentative Umfrage des
Meinungsforschungsinstituts Civey viel mehr Aufmerksamkeit verdient gehabt. Aber sie passte eben nicht in das
Weltbild der Journalisten. Und zur Agenda der Kanzlerin
passte sie schon gar nicht. Ganz im Gegenteil. Die ein-
deutige Antwort der Bürger auf die Frage, ob der Islam
zu Deutschland gehöre, war eine schallende Ohrfeige für
Angela Merkel. Die hatte gerade erst ihren Innenminister
Horst Seehofer öffentlich dafür abgewatscht, dass er tags
zuvor auszusprechen gewagt hatte, was auch drei Viertel
der Deutschen so empfinden: Der Islam gehört nicht zu
Deutschland.

Lediglich etwas mehr als 20 Prozent der Befragten halten
es mit Merkel, wobei eine verschwindend kleine Gruppe
die Frage uneingeschränkt bejaht. Kontinuierlich wächst
hingegen die Zahl derer, die der Meinung sind, der Islam
gehöre nicht zu Deutschland. Noch im Sommer 2017 ver-
traten diese Ansicht "nur" zwei Drittel der Bundesbürger.
Doch die Kanzlerin hält unbeirrt an ihrem Narrativ fest.
Auf Biegen und Brechen hämmert sie uns ein, dass eine
im Zuge der Zuwanderung immer mehr an Einfluss ge-
winnende Religion selbstverständlicher Teil unseres All-
tags sei, wie inkompatibel diese mit unserem Verständnis
von Demokratie und Rechtsstaat auch sein mag.

Der Widerspruch, in dem der Merkelsche Politsprech zur öffentlichen Meinung steht, ist so eklatant, dass man sich fragen muss, was die Kanzlerin antreibt. Niemand kann so ignorant sein, sich derart hartnäckig gegen die Bevölkerung zu stellen. Wer schreibt Merkels Agenda, in deren Mittelpunkt nicht zuletzt zu stehen scheint, sich dem Islam anzudienen? Längst ist eine gewaltige Industrie entstanden, die über Firmen-, Verbands- und Parteigrenzen hinweg dafür sorgt, dass rund sechs Millionen Angehörige einer Religion das öffentliche Leben der restlichen 77 Millionen Bürger bestimmen. Sicher kann man den meisten Muslimen zugutehalten, dass sie von Politik und Medien missbraucht werden. Doch es gibt eine große Zahl unter ihnen, die ihre Religion nicht nur als Teil Deutschlands sehen, sondern darauf hinarbeiten, dass Deutschland möglichst bald zum Islam gehört.

Insofern ist die Ausgangsfrage zu ungenau gestellt, denn sie geht der breiten Ablehnung nicht auf den Grund, die daher rührt, dass das aufdringliche Gebaren der Religionsverbände und das überlaute polit-mediale Getöse Befürchtungen nähren, das öffentliche Leben an den Islam zu verlieren. Es ist wenig verwunderlich, dass sich drei Viertel der Deutschen gegen die beängstigende Vorstellung aussprechen, sich irgendwann dem Islam unterwerfen zu müssen. Die Sorge ist keinesfalls so unbegründet, wie Politik und Medien gerne behaupten. Denn die Zugeständnisse an Muslime greifen schon heute tief in das gesellschaftliche Leben ein.

Separate Schwimmbadzeiten für Frauen zulasten der Zeiten für Sportvereine, die Umbenennung von Christmärkten als Beitrag zum interreligiösen Dialog oder die Verbannung des Schweinefleischs vom Kita-Speiseplan sind weit mehr als Rücksichtnahme – sie sind vorauseilender Gehorsam. Von Lkw-Sperren zur Sicherung ganzer Fußgängerzonen und Polizeieskorten zum Schutz von Sanitätern ganz zu schweigen. Beliebig ließe sich die Aufzählung fortsetzen, bis hin zur Selbstgeißelung reumütiger Unternehmen für angebliche antimuslimische Werbemotive. Doch statt den Lebensstil, wie wir ihn kennen, zu verteidigen, sucht eine sich anbiedernde Berufspolitik in allen Lebensbereichen nach aufwändigen Lösungen, die einseitig muslimischen Interessen gerecht werden.

Fragwürdige Verbände erhalten eine Mitsprache in regierungsnahen Gremien, auf allen politischen Ebenen werden Integrationsbeauftragte installiert und öffentliche wie auch private Einrichtungen unterwerfen sich einem ebenso teuren wie skurrilen Toleranzwettbewerb. Vorfahrt für den Islam, wohin man auch schaut. Angela Merkel hat – wieder einmal – eine Chance vertan: Statt klarzumachen, dass sich Religionen in einer freien Gesellschaft unterzuordnen haben, hat sie mit ihrer Feststellung, der Islam gehöre zu Deutschland, all jenen die Absolution erteilt, die kein Interesse daran haben, sich zu integrieren. Eine Regierung hat aber Religionen nicht nur vor dem Staat zu schützen, sondern auch umgekehrt. Diesen Aspekt ihres Amtseids hat Angela Merkel wohl nicht verstanden.

Erfundene Massenzustimmung
Wie die Journaille eine Staatsstudie missbraucht

Die Deutsche Gesellschaft für Internationale Zusammenarbeit (GIZ) ist eine staatliche Organisation, die im Jahr
2011 durch die Verschmelzung dreier Entwicklungshilfe-
unternehmen entstanden ist und im wesentlichen von vier
Bundesministerien finanziert wird. Sie beschäftigt knapp
20.000 Mitarbeiter in 120 Ländern, 70 Prozent von ihnen
außerhalb Deutschlands. In regelmäßigen Abständen be-
fragt die GIZ einen ausgewählten Personenkreis im Ausland danach, wie er die Rolle Deutschlands in der Welt
sieht. Unter dem Titel "Führungsrolle deutlich gefordert"
wurden nun die Ergebnisse der Studie veröffentlicht, für
die exakt 154 Personen in 24 Ländern interviewt wurden.

Trotz einiger offengebliebener Fragen bietet das umfang-
reiche Dossier genügend Ansatzpunkte für die journalistische Berichterstattung. So manche Rückmeldung ließe
sich thematisieren, etwa die Fremdwahrnehmung fehlender Risikofreude, der Eindruck eines mangelnden kulturellen Selbstbewusstseins oder die Beschwerden über die
schleppende Digitalisierung. Doch Deutschlands Journalisten interessiert in erster Linie ein Teilaspekt der 130-
seitigen Studie, der ihnen zu ihrer ganz eigenen Kernaus-
sage verhilft. "Ausland lobt deutsche Flüchtlingspolitik",
frohlocken sie und missbrauchen damit eine in ihrer Aus-
sagekraft ohnehin fragwürdige Erhebung für monothema-
tischen Propagandazwecke.

Zwar offenbart das sechszehnseitige Kapitel "Flucht und Migration" tatsächlich eine insgesamt positive Wahrnehmung der deutschen Migrationspolitik durch die im Ausland Befragten, doch dürfte dies vor allem daran liegen, dass rund die Hälfte der Interviewteilnehmer im afrikanischen und orientalischen Raum beheimatet ist, von wo sich Zuwanderer seit 2015 nach Lust und Laune auf den Weg nach Deutschland machen dürfen, ohne fürchten zu müssen, an der Grenze abgewiesen zu werden. Bemängelt wird demgegenüber vielfach die Planlosigkeit in der Zuwanderungspolitik, aber auch das Ignorieren kritischer Stimmen aus den Nachbarländern und das Verkennen der innenpolitischen Risiken.

Dabei fällt eine Zweiteilung auf, bei der insbesondere die Befragten in Afrika sowie im Nahen und Mittleren Osten regelrechte Loblieder singen, während sich die europäischen Studienteilnehmer weitaus kritischer zeigen. Ganz Staatsorgan, konstatiert die GIZ gleichwohl, es habe eine "Fülle von Aussagen" gegeben, in denen Deutschland bescheinigt wird, durch die Flüchtlingspolitik ein "menschlicheres Antlitz" bekommen zu haben. Doch selbst die Nutznießer offener deutscher Grenzen monieren, dass es für ihre Landsleute viel zu einfach sei, ohne Qualifikationen nach Deutschland zu gelangen, während Qualifizierte das Nachsehen haben, weil sie es auf legalem Weg versuchen. Sie implizieren damit, dass es sich gar nicht um eine Flucht handelt. Man versteht vielerorts nicht, wieso sich ein Land nicht aussucht, wen es gebrauchen kann.

Das alles ficht Deutschlands Journalisten nicht an. Statt das vollständige Bild der verschiedenartigen und mit unterschiedlicher Motivation verfassten Rückmeldungen zu zeichnen, erwecken sie unisono den Eindruck, das Ausland stehe einmütig hinter Merkels Politik der unkontrollierten Zuwanderung. Vor allem suggerieren sie, es handele sich bei der GIZ-Studie um eine repräsentative Befragung der Bürger ausländischer Staaten zur deutschen Migrationspolitik. Vergeblich sucht man nach einer kritischen Auseinandersetzung mit der Tatsache, dass gerade einmal gut 150 zufällig ausgewählte Interviewpartner ein äußerst subjektives Bild erzeugen, was bei aller Anstrengung der GIZ, ihr methodisches Vorgehen offenzulegen, eben keinerlei wissenschaftlichen Ansprüchen genügt.

In der Berichterstattung fehlt auch jeglicher Hinweis darauf, dass die GIZ dem Grunde nach ein Organ der Bundesregierung ist und es sich damit quasi um eine Selbstbestätigung handelt. Ebenso scheint sich kein Journalist dafür zu interessieren, wer denn die Befragten genau sind und was deren Aufgaben, Rollen und Motive sein könnten. Die Beschäftigung mit der GIZ-Studie ist in ihrer absichtlichen Oberflächlichkeit eines seriösen Journalismus ebenso unwürdig wie in ihrer irreführenden Verengung auf die positiven Antworten zur deutschen Migrationspolitik. Wieder einmal tritt die Meinung an die Stelle der Meldung und bleibt die Headline als "Nachricht" hängen. Wer so berichtet, manipuliert – und muss sich nicht wundern, wenn ihm Leser und Zuschauer davonlaufen.

Jagd auf Facebook
Die Grünen wollen die Politik vorm Internet schützen

Die Grünen stellen sich einmal mehr an die Spitze der Freiheitsgegner. Seit jeher erklären sie Menschen zu Unfreien, um sie ans ideologische Gängelband zu nehmen. Als selbsternannte Hüter der einzigen Wahrheit zwingen sie den Bürgern nicht nur ihr Mantra von einer kulturellen Bereicherung auf, sondern schreiben ihnen auch vor, wie sie ihr Leben zu führen haben. Wo immer sie können, tun sie dies, indem sie Alternativen verteuern oder gesetzlich gleich ganz verbieten lassen. Doch allein wären die Grünen zu schwach. Ihr unseliges Treiben ist nur deshalb von Erfolg gekrönt, weil sie von Tausenden Journalisten unterstützt werden, die sich mit stolzgeschwellter Brust zur links-grünen Doktrin bekennen.

Einer der Grundgedanken der Grünen und ihrer Helfer ist der systematische Kampf gegen die freie Meinungsäußerung. Artikuliert werden soll nur, was der grünen Ideologie dient oder ihr zumindest nicht zuwiderläuft. Schützenhilfe erhalten die Erfinder von Ozonloch und Waldsterben aus fast allen anderen Parteien. Denn die politische Kaste hat ein großes Interesse daran, den öffentlichen Diskursraum zu kontrollieren. Das Netzwerkdurchsetzungsgesetz soll sicherstellen, dass sich der über die sozialen Netzwerke stattfindende Meinungsaustausch nur noch im Rahmen dessen bewegt, was der Politik genehm ist.

Zwar moserten auch die Grünen schon kurz nach dessen Einführung gegen das neue Gesetz, doch dies nur, weil es sich gegen andere als nur "rechte" Meinungsäußerungen richtet. Grundsätzlich begrüßt die ehemalige Umweltpartei den Angriff auf Facebook, Twitter & Co. ebenso wie die meisten der anderen politischen Vertreter. Er geht ihr nicht einmal weit genug. Denn die Grünen wollen Facebook am liebsten zerschlagen. Zwar schiebt Parteichef Robert Habeck den Verbraucherschutz vor, wenn er wettert, die "Datensupermächte" stellten sich über die gesellschaftlichen Interessen, doch dürfte der zugrundeliegende Skandal auch für ihn lediglich ein willkommener Anlass sein, um gegen die von der Politik so verhassten sozialen Netzwerke vorzugehen.

Dass ein britisches Unternehmen mit den Daten von 50 Millionen Facebook-Nutzern den amerikanischen Präsidentschaftswahlkampf ebenso beeinflusst haben soll wie das "Brexit"-Votum, passt dem angeschlagenen Politzirkus in Berlin und Brüssel bestens ins Konzept. Habeck und seine Mitstreiter können dadurch all ihre Hetzthemen miteinander verknüpfen. Es war übrigens Barack Obama, der die sozialen Netzwerke und deren Datenflut einst als wichtigste Wahlkampfhelfer für sich entdeckt hatte. Zur Einschränkung der Meinungsfreiheit wird nun auf europäischer Ebene zum Angriff auf Facebook geblasen. Die schräge Pointe dabei ist, dass Angela Merkels Willkommenseinladung an die Welt ohne die sozialen Netzwerke nie den gewünschten Erfolg gehabt.

Wie bei anderen aktuellen Vorhaben der Berliner Politik wirkt auch die mediale Anti-Facebook-Kampagne eigenartig abgestimmt. Die Menschen sollen durch das Schüren von Ängsten um die Datensicherheit aus den sozialen Netzwerken getrieben werden. Damit kommt man dem Ziel näher, die Attraktivität der Plattformen und damit die Reichweite kritischer Wortmeldungen zu reduzieren. Natürlich haben wir bei ähnlichen Vorgängen in der Vergangenheit niemals von nur einem einzigen Politiker oder Journalisten gehört, wir sollten alle nur noch bar bezahlen, weil etwa die Daten einer Kreditkartenfirma in die falschen Hände geraten waren. Nun aber wird das Ende der Welt heraufbeschworen.

Noch weiter als der Grünen-Vorsitzende geht übrigens Spaßpolitiker Christopher Lauer, der durch seinen Wechsel von den Piraten zur SPD seit Jahren versucht, sich endlich ein seriöses Image zu geben: Er fordert die Verstaatlichung von Facebook. Habeck will "nur" die Zerschlagung, damit sich die Politik "nicht mehr auf der Nase rumtanzen lassen" muss. Unterdessen macht sich die Europäische Union für Netzsperren stark. Zum Glück scheint die Berufspolitik wenig Ahnung vom Internet zu haben. Es lässt sich nicht einfach abschalten, nicht mal in China. Netzsperren sind zahnlose Zensurtiger, egal wie sehr die EU ihre Mitgliedsstaaten drängt, Durchsetzungsbefugnisse zu schaffen, um "das Risiko einer schwerwiegenden Schädigung der Kollektivinteressen" zu minimieren. George Orwell dürfte dennoch im Grab rotieren.

Münster und Cottbus
Was die Berichterstattung über die Presse verrät

Angesichts der schrecklichen Bluttat von Münster ist untergegangen, dass am Tag zuvor ein 25-Jähriger mit einem Geländewagen in Cottbus absichtlich in eine Gruppe von Passanten gefahren war. Es gab dort zum Glück keine Toten und der Täter hat sich zwischenzeitlich gestellt. Angeblich soll ein Streit vorausgegangen sein. Eine Alltagsmeldung vielleicht, die aber auf erschreckende Weise eine Verrohung dokumentiert, die weit fortgeschritten ist. Verdeutlicht hat dies erst recht der Anschlag in Münster. Abgesehen von der Tatwaffe, unterscheiden sich die beiden Attacken grundlegend.

In Cottbus die spontane Wuthandlung nach einer Auseinandersetzung, in Münster der kaltblütige Mordanschlag. Auf der einen Seite ein offenbar fremdenfeindlicher Drogenkonsument, auf der anderen ein psychisch Gestörter ohne jedes politische Motiv. Vor allem unterscheiden die Taten von Cottbus und Münster sich aber in der Berichterstattung. Während sämtliche Medien von einem "Fahrzeug" titelten, das in Münster in eine Menschenmenge gefahren sei, weil sie zunächst nicht ausschließen konnten, dass der Anschlag einen islamistischen Hintergrund haben könnte, war es beim zeitgleich publizierten Cottbuser Angriff ein "Mann", der seinen Geländewagen in eine Fußgängergruppe gesteuert hatte, weil man sofort wusste, dass ein religiöses Motiv ausscheidet.

Während die Headline zu Münster den Verursacher in den Hintergrund treten und bestenfalls als Passagier des zum Handelnden erklärten Tatfahrzeugs erscheinen lässt, wird beim Vorfall in Cottbus unmissverständlich klargemacht, wer hier aktiv und bewusst eine Straftat begangen hat. Es sind diese Nuancen, mit denen der "unpassende" Täter medial entmenschlicht und eine Tat von der emotionalen auf die Sachebene gehoben werden soll, während man den "passenden" Täter so früh wie möglich benennt, um ihm ein Gesicht zu geben. In Münster gingen die Behörden in den ersten Stunden von einem terroristischen Attentat nach dem dutzendfach bekannten islamistischen Muster aus. Zu sehr schien alles auf eine weitere heimtückische Tat eines religiösen Fanatikers hinzudeuten.

Es ist geübte Praxis, die Aufmerksamkeit in diesen Fällen vom Täter wegzulenken, damit nicht schon wieder der Islam in Verbindung mit einem Selbstmordattentat in die Schlagzeilen gerät. Denn der erste Eindruck zählt – da zieht man sich lieber technokratisch auf das Fahrzeug als Ersatztäter zurück. Mit dieser Form der Entemotionalisierung haben Deutschlands Medien immer wieder ihre Eilmeldungen zu gerade verübten islamistischen Attentaten aufgemacht. Die Erleichterung der Journalisten über einen "deutschen" Täter war anschließend mit Händen zu greifen. In Cottbus hingegen war die Faktenlage von Beginn an klar. Vor allem wurde rasch mitgeteilt, dass der Täter aus dem rechten Milieu stammen soll. Fahrzeuge, die sich losreißen und Morde begehen, scheiden da aus.

Die Taten von Münster und Cottbus werfen ein Schlaglicht auf eine besorgniserregende Entwicklung: Noch vor wenigen Jahren hätten arglose Fußgänger nicht mit einem gezielten Angriff durch Autofahrer rechnen müssen. Nun müssen sie es. Immer und überall. Sogar durch Täter, die nicht im Namen der Religion morden. Gleiches gilt für die mittlerweile allgegenwärtigen Attacken mit Stichwaffen. Bis 2015 war es unvorstellbar, dass banalste Alltagsstreitigkeiten derart inflationär mit Mordwerkzeugen geklärt würden. Natürlich gibt es mehr als einen Grund für die zunehmende Verrohung. Doch einer könnte sein, dass mit der Zuwanderung Hunderttausender junger Männer auch unfassbare Grausamkeiten eingewandert sind.

Immer mehr Hemmschwellen fallen, und der Normalbürger stumpft ab, überwältigt von der schieren Masse der Taten. Dazu kommt, dass bestimmte Täter von der Presse geschont werden. Teenager, die ohne mit der Wimper zu zucken, Frauen und Rentner zusammenschlagen oder sofort das mitgeführte Messer zücken, wenn sie in der Fußgängerzone in Streit geraten, hat es allerdings vor der Zuwanderungswelle ganz selten einmal gegeben. Journalisten könnten eine Menge leisten, um den Rechtsstaat und die Werte unseres Zusammenlebens zu verteidigen. Sie tun es aber nicht. Stattdessen berichten sie mit zweierlei Maß oder verklären Verhaltensweisen zur bereichernden Folklore, die bei uns als völlig inakzeptabel gelten. Die Headlines zu Münster und Cottbus verraten viel. Und sie verheißen nichts Gutes.

Der Kampf um Syrien
Ein Land als Spielball geostrategischer Interessen

Voller Sorge schaut die Welt auf Syrien. Immer unübersichtlicher ist die Lage. Wir alle sind gefangen in einem Dickicht aus Propaganda und Lügen. Niemand, der beurteilen könnte, was wahr ist und was falsch. Groß ist dabei die Zahl derer, die sich in Zeiten der Orientierungslosigkeit an die offizielle Darstellung westlicher Regierungen klammern. Doch es gibt auch kritische Stimmen. Und das ist gut so. Denn es gehört zu einer lebendigen Demokratie, Regierungshandeln zu hinterfragen. Deutschland tut sich damit allerdings besonders schwer. Erst recht, seit Angela Merkel durch fatale Weichenstellungen das Land tief gespalten hat.

Zivilisierte Diskussionen, in denen man sich gegenseitig zuhört, sind selten geworden. Es scheint nur noch Freunde oder Feinde zu geben – je nachdem, ob jemand den eigenen Standpunkt teilt oder nicht. Und auch im Syrien-Konflikt stehen sich die Lager unversöhnlich gegenüber. Wehe dem, der Fragen stellt. Wer die Militärschläge der westlichen Alliierten nicht uneingeschränkt gutheißt, gilt als Putin-Troll. Es ist bemerkenswert, dass ausgerechnet die, denen nach der amerikanischen Wahl keine Verbalinjurie gegen Präsident Trump zu billig war und die seinerzeit Amerika, seine Wähler und sein Wahlsystem verspotteten, heute jedem Antiamerikanismus unterstellen, der das US-Bombardement in Syrien kritisch sieht.

Dabei gibt es gute Gründe, an der Darstellung zu zweifeln, dass Syriens Präsident Bashar Al-Assad nun Giftgas eingesetzt haben soll. Man muss dazu gar nicht die historische Lüge bemühen, mit der 2003 der Angriff auf den Irak gerechtfertigt worden war. Schnell war damals klar: Die Massenvernichtungswaffen und Produktionskapazitäten hatte es nicht gegeben. Erst in vielen Jahren, vielleicht aber auch niemals, dürfen wir hoffen, die Wahrheit über Syrien zu erfahren. Die ins Land gereisten Inspektoren müssen sich allerdings auf Bodenproben und Zeugenbefragungen beschränken, weil die vermuteten Giftgasanlagen ausgerechnet in der Nacht vor deren Ankunft weggebombt worden waren. Wir sind also weiterhin der Propaganda aller Seiten ausgeliefert.

Doch statt sich gerade in dieser undurchsichtigen Lage so breit wie möglich zu informieren und sämtlichen Darstellungen gegenüber gleichermaßen skeptisch zu sein, verengen viele den Blick auf die Statements westlicher Regierungssprecher. Und die kennen in Syrien nur einen Täter. Opfer ist in jedem Fall die Zivilbevölkerung, die mal von den Regierungstruppen, mal vom "Islamischen Staat" als Geisel genommen wird. Zweifellos ist Assad nach allen gängigen Maßstäben kein Demokrat. Das ist aber auch Recep Tayyip Erdoğan nicht, und sicher auch nicht Saudi-Arabiens König Salman. Sie pfeifen ebenso auf die Menschenrechte wie Assad und viele andere Führer in der Region, sitzen aber unangefochten im Sattel, weil sie strategisch gebraucht werden.

Assads Uhr soll offenbar ablaufen. Doch wie jeder andere Sturz zuvor, würde auch die Entfernung des syrischen Herrschers die krisengeschüttelte Region weiter destabilisieren. Nicht um die Menschen geht es bei alledem, sondern um die kalkulierte Durchsetzung geostrategischer Interessen. Keine Seite, weder der Westen, noch Russland, handelt aus Altruismus. Doch wer sich als erklärter Trump-Hasser nun plötzlich auf die Seite Washingtons stellt, um Moskau zu verdammen, macht sich unglaubwürdig. Ehrlicher wäre es, sämtliche offenen Fragen auf den Tisch zu legen und systematisch abzuarbeiten, ohne Schaum vor dem Mund und ohne ideologische Scheuklappen. Zu diesen Fragen gehört, welche Rolle die sogenannten Weißhelme in Syrien spielen.

Die offiziell als "Syrian Civil Defence" auftretende britische Organisation, deren Finanzierung und Leitung erkennen lässt, dass sie im syrischen Konflikt die westlichen Interessen vertritt, wird kaum hinterfragt. Und nicht nur das: Durch die von ihren weißen Helmen abgeleitete Namensgebung wird suggeriert, es handele sich um eine Art UN-Friedenstruppe oder gar einen Ableger der "Ärzte ohne Grenzen", also eine neutrale Instanz. Dies ist mitnichten so. Vielmehr macht sich die private Organisation mit zweifelhaftem Filmmaterial und offenbar fingierten Fotos der Propaganda verdächtig. Sie könnte ein Interesse daran haben, den Konflikt anzuheizen. Vielleicht sogar durch Giftgas. Doch wen kümmert das, wenn doch alles so klar ist, dass man nicht einmal mehr Beweise benötigt.

Kriminalität in Deutschland
Wenn Journalisten keine Fragen stellen wollen

Großer Aufmerksamkeit erfreuen sich diesmal die vorab veröffentlichten Eckdaten der Polizeilichen Kriminalstatistik. Zwar wird diese vom Bundesinnenminister erst in einigen Wochen vorgestellt, doch wurden den Journalisten bereits jetzt erste Zahlen genannt. Mit Begeisterung verkündeten die Redaktionen anschließend, dass sich die Kriminalität in Deutschland deutlich auf dem Rückzug befinde. Der rund zehnprozentige Rückgang sei der größte seit fast 25 Jahren. Soweit die gute Nachricht. Es gäbe allerdings viel mehr zu sagen. Nur sagt es niemand.

Die Berichterstattung zu den vorab bekanntgewordenen Zahlen ist ein Beispiel dafür, dass Deutschlands Medien zwar nicht grundsätzlich lügen, aber eben auch nicht bereit sind, die ganze Wahrheit zu erzählen. Was Fragen aufwerfen oder gar Schlussfolgerungen ermöglichen würde, wird nur angedeutet oder gleich ganz weggelassen. Denn der erfreuliche Befund, dass es 2017 nur noch rund 5,76 Millionen Straftaten gegeben hat, ist bei näherer Betrachtung alles andere als beruhigend. Der Rückgang um etwas mehr als 600.000 Fälle geht nämlich fast vollständig auf das Konto der Diebstahlsdelikte und der Verstöße gegen Aufenthaltsbestimmungen. Letztere sind für mehr als die Hälfte des Rückgangs verantwortlich. Dagegen ist die Zahl der Gewalttaten im Jahresvergleich nur leicht rückläufig und die Zahl der Morde angestiegen.

Eines darf außerdem nicht übersehen werden: Es handelt sich um das Jahr 2017, das erst den Beginn einer Welle von Gewaltverbrechen markierte, bei der nicht nur Messerattacken inzwischen zum Alltag gehören. Aus Bürgersicht wünscht man sich, dass die Befassung mit diesen Straftaten ebenso ausführlich erfolgen würde wie etwa die journalistische Darstellung der Diebstahlskriminalität. Natürlich ist es ein Sicherheitsgewinn, dass die Zahl der Taschendiebstähle und Wohnungseinbrüche spürbar zurückgegangen ist. Zweifellos verbessert es das Sicherheitsempfinden der Bürger, wenn sie sich nicht mehr in dem Maße um ihr Hab und Gut sorgen müssen, wie dies noch vor Jahren der Fall war. Hier trägt der Kampf gegen osteuropäische Diebesbanden offenkundig Früchte.

Nur mittelbar von Bedeutung für das Sicherheitsempfinden ist hingegen der Rückgang der Verstöße gegen Aufenthalts- und Asylgesetze, für den neben einem nachlassenden Zuwanderungsdruck die großzügigere Auslegung des Tatbestands der illegalen Einwanderung verantwortlich ist. Es hat sich natürlich herumgesprochen, dass es reicht, an der Grenze "Asyl" zu rufen, um nicht als Illegaler zu gelten und auf einen Verbleib hoffen zu dürfen. Auch so wird eine Statistik entlastet. Die aktuelle Entwicklung ist jedenfalls "kein Ruhekissen", wie Rainer Wendt, Vorsitzender der Deutschen Polizeigewerkschaft warnt. Denn einer höheren Aufklärungsrate steht eine unübersehbare Verrohung gegenüber, die sich bald bei der Zahl der Gewaltverbrechen bemerkbar machen dürfte.

Dazu hat Christian Pfeiffer ganz eigene Ansichten. Der frühere SPD-Justizminister Niedersachens wird gerne als Experte bemüht, wenn es darum geht, Gewalt – speziell von Migranten – zu relativieren. Pfeiffer sieht den Rückgang auch darin begründet, dass "viele Flüchtlinge Hoffnung schöpfen". Er zeigt Verständnis für die Gewalt von Zuwanderern, "die in derselben Turnhalle Matratze an Matratze" hätten liegen müssen. Nicht nur diese Analyse sorgt für Kopfschütteln. Pfeiffer diagnostiziert eine "gefühlte Kriminalitätstemperatur" bei der Bevölkerung, die sich wieder normalisieren werde, sobald wir uns "an die neue Lage" gewöhnen würden. Das klingt nach Merkels Mantra, dass Millionen von Migranten "nun einmal da" sind, und Schäubles Schulterzucken, wir hätten zu akzeptieren, dass es immer mehr Muslime in Deutschland gibt.

Es wäre die Aufgabe seriöser Journalisten, sich kritisch mit Verantwortlichen auseinanderzusetzen, die die Konsequenzen ihrer Politik derart fatalistisch beschreiben. Vielleicht haben sich die Redaktionen dies ja für den 8. Mai aufgehoben, wenn Horst Seehofer die Einzelheiten der Statistik vorstellt. Dann gäbe es Gelegenheit einmal zu fragen, wie die Politik dem Umstand zu begegnen gedenkt, dass ein Drittel aller Täter Ausländer sind, während ihr Anteil an der Bevölkerung auch nach den enormen Zuwächsen der vergangenen Jahre nur bei 12% liegt. Wahrscheinlich wird diese Frage aber lieber nicht gestellt. Ein Teil der Antworten würde uns wohl ohnehin nur verunsichern.

The Lame Duck
Merkels Reise in die eigene Bedeutungslosigkeit

Im amerikanischen Sprachgebrauch kennt man den Begriff "lame duck". Er lässt sich nur unzureichend mit der "lahmen Ente" übersetzen, die wir aus dem Deutschen kennen. Vielmehr findet er vor allem im politischen Kontext Verwendung, um einen Amtsinhaber zu beschreiben, dem jeder Einfluss abhanden gekommen ist und dessen Nachfolger längst in den Startlöchern steht. Angela Merkels Zeit ist vorbei. Immer deutlicher wird dies bei ihren internationalen Auftritten, bei denen die angeblich einst einflussreichste Frau der Welt mehr und mehr zur Randfigur verblasst.

Nun ist es keineswegs das Schlimmste, was einer Regierungschefin passieren kann, wenn sie – ausgelastet mit innenpolitischen Herausforderungen – in der Aufgabenteilung mit internationalen Kollegen ein wenig Entlastung findet. Die Qualität der Arbeit einer Kanzlerin bemisst sich nun einmal nicht danach, dass sie griechische Banken rettet, ukrainische Nationalisten vor dem russischen Rechtsstaat bewahrt oder dem türkischen Staatsoberhaupt die Türen nach Europa offen hält. Doch für eine Frau, der die Innenpolitik offenbar gleichgültig ist und die als Kanzlerin viel lieber Außenministerin und Bundespräsidentin spielt, kommt es dem Ende der politischen Karriere gleich, dass die Staats- und Regierungschefs der Welt von ihr abrücken.

Nun also hat die Enttäuschte ihr Glück in Amerika versucht. Und Donald Trump hat Angela Merkel ihre ganze Bedeutungslosigkeit spüren lassen. Es rächt sich jetzt die unverfrorene Selbstüberschätzung, mit der die Kanzlerin und ihre Minister den mächtigsten Mann der Welt seit dessen Amtsantritt verhöhnt haben. Niemand wird wohl je verstehen können, was die Pfarrerstochter aus Templin auf die wahnwitzige Idee gebracht hat, sie wäre in der Lage, es mit einem wie Trump aufzunehmen, der ihr in allen Belangen überlegen sein dürfte, außer vielleicht in seinen Russisch- und Mathematikkenntnissen. In diesen Fächern war die fleißige Ostdeutsche schon in der Schule besonders gut. Als Kanzlerin liegen ihre Qualitäten hingegen eher darin, nichts zu tun, bis eine der zur Leitlinie ihrer Politik gewordenen Umfragen anderes suggeriert.

Für den US-Präsidenten spielt sie jedenfalls keine Rolle, und auch in Europa macht Macron lieber sein eigenes Ding. Da man sich in Fragen der Transferunion sowieso nicht einig wird, baut Macron die EU eben ohne Merkel zur "Cash Cow" um, die Frankreich versorgt. Frühere deutsche Kanzler wussten dies stets zu verhindern. Doch die Verbündeten sind rar geworden. Denn auch der Rest Europas wendet sich ab, fassungslos darüber, dass Merkel-Deutschland sich ohne jede Gegenwehr dem Islam unterwirft. Kaum noch einer mag auf die lahme Ente aus Deutschland setzen, die sich mit einer irren Zuwanderungspolitik isoliert und Europa jede Menge Probleme aufgebürdet hat.

Verblieben sind ein paar Getreue in Brüssel, die Angela Merkel zur Erfüllung der eigenen politischen Agenda benötigen. Für sie ist die deutsche Kanzlerin allerdings von immer geringerem Nutzen. Es ist eine Frage der Zeit, bis Merkel auch ihre letzte Bastion verliert. Daheim scheint noch alles im Lot: Die CDU steht in Umfragen stabil da – nicht wegen, sondern trotz Merkel. Sie profitiert dabei nicht zuletzt von der Tatsache, dass die Alternative einer grün-sozialistischen Regierung noch gruseliger ist. Für die Strategen der CDU ist damit alles in bester Ordnung. Sie interessieren sich nicht für das Wohl des Landes, sondern allein für das Wohl ihrer Partei. Und solange sie nicht befürchten müssen, dass die Konkurrenz den Kanzler stellen könnte, bleibt Merkel da, wo sie ist. Denn Parteien kennen nur einen Daseinszweck: Die Macht.

Doch die Kanzlerin von GroKos Gnaden droht am ausgestreckten Arm der Mächtigen zu verhungern. Zuerst erkannt haben dies Deutschlands Wirtschaftsbosse, die sich besorgt darüber zeigen, dass Merkel zum Mühlstein für die deutschen Unternehmen werden könnte. Ihre ergebnislose Reise in die USA, bei der dem Trump nur wenige Stunden reichten, um die ganze Kümmerlichkeit der einstigen Kümmerin schonungslos offenzulegen, hat sämtliche Alarmglocken in den deutschen Chefetagen schrillen lassen. Drei weitere Jahre Merkel verkraftet dieses Land nicht mehr – hoffen wir, dass dies nicht nur die mächtigen Unternehmer erkennen, sondern auch alle übrigen Steigbügelhalter. Zum Wohle Deutschlands und Europas.

Merkel und die Folgen
In Ellwangen eskaliert die Willkommenskultur

Seit 2015 leidet Deutschland unter dem Grenzöffnungs-
dekret der Kanzlerin. Immer wieder müssen wahllos aus-
gesuchte Bürger mit Vergewaltigungen, schweren Ver-
letzungen oder gar dem Tod für Merkels Willkommenskultur büßen. Behörden lassen sich an der Nase herum-
führen, zahlen dreistellige Millionensummen für Kinder,
die es gar nicht gibt, gestatten den Nachzug angeblicher
Verwandter, deren Identität sie nicht nachprüfen können,
und alimentieren Asylbewerber, die sich mit verschiede-
nen Alias-Namen Sozialleistungen erschleichen, um die
Daheimgebliebenen zu versorgen, von denen sie aus eben
diesem Grund ins gelobte Land geschickt worden sind.

Medial und politisch hofiert, fordern die als "Flüchtlinge"
verklärten muslimischen Zuwanderer die Anpassung der
Gastgesellschaft an die mitgebrachten Vorstellungen. In
vorauseilendem Gehorsam werden ihre Wünsche erfüllt,
ohne dass sie ihren Forderungskatalog erst ausbreiten
müssten. Die Justiz kennt inzwischen zwei Klassen von
Tätern. Die Politik sieht weg, verheimlicht, bagatellisiert
und beschönigt. Ab und zu bricht jemand aus diesem
Vermeidungskartell aus. Mal ist es der grüne Boris Palmer, mal die linke Sahra Wagenknecht, mal der CSU-
Mann Alexander Dobrindt. Sie werden jeweils umgehend
von den Kollegen der Berufspolitik gebrandmarkt. Es ist
längst Staatsräson, die zu ächten, die die Wahrheit sagen.

Nun hat Deutschland einen neuerlichen Tiefpunkt in der schier endlosen Abwärtsspirale der Willkommenspolitik erlebt. Im baden-württembergischen Ellwangen verhinderten mehr als 150 Asylbewerber, dass ein abzuschiebender Togolese von der Polizei abgeführt werden konnte. Die Beamten gaben auf, weil sie um Leib und Leben fürchteten. Die bereits angelegten Handschellen nutzen ihnen nichts. Umringt von einer zu allem entschlossenen Horde wilder Männer, händigten sie den Schlüssel aus, um sich zu retten. Der Vorfall wurde erst drei Tage später öffentlich und sollte – ähnlich den berühmt-berüchtigten Silvesterübergriffen von Köln – offenbar vertuscht werden.

Ellwangen markiert eine Zäsur in der deutschen Nachkriegsgeschichte. Zwar ist es in Teilen deutscher Großstädte aufgrund jahrelangen Wegsehens schon heute Alltag, dass sich Einsatzkräfte nicht mehr in die unter libanesischen und arabischen Clans aufgeteilten Stadtviertel trauen, dass sich aber in einem kleinen Ort auf dem Land Polizisten "aus Todesangst" einer organisierten Bande ergeben müssen, hat eine neue, schreckliche Qualität. Erst mit einem Großaufgebot konnte der 23-Jährige aus Togo dingfest gemacht werden, freilich nicht ohne die Gegenwehr seines Anwalts, der bis vor das Bundesverfassungsgericht ziehen will, um die Durchsetzung des Rechts zu verhindern. Das Verwaltungsgericht Stuttgart hatte schon im November 2017 einen Antrag gegen die Abschiebung zurückgewiesen.

Der deutsche Rechtsstaat lässt leider auch jene gewähren, die ihn offensichtlich missbrauchen wollen. Er lässt vor allem zu, dass fortlaufend Täter zu Opfern gemacht werden können. Und während Österreichs Bundeskanzler vor einer zunehmenden Täter-Opfer-Umkehr warnt, scheint dieser Weckruf nur wenige Verantwortliche in Deutschland zu erreichen. Die Frankfurter Rundschau verspottet gar jeden als "rechtsfrömmelnden Ordnungsveteranen", der die Einhaltung der Gesetze anmahnt. Hier bricht sich in zwei Worten die verfassungsfeindliche Gesinnung einer ganzen Journalistengeneration Bahn. Völlig richtig liegt hingegen Alexander Dobrindt, wenn er von einer "Anti-Abschiebe-Industrie" spricht.

Sie arbeitet nach dem gleichen Muster wie die "Energiewende-Industrie", ein schädliches Konglomerat aus wirtschaftlichen Profiteuren, ideologisierten Beamten und sogenannten Nichtregierungsorganisationen, das seine unheilvolle Stärke aus der Unterstützung durch links-grüne Medienschaffende und gutmenschelnde Berufspolitiker bezieht. Dobrindt ist nicht der Erste, der merkt, was sich in diesem Land vollzieht. Wir stecken im Würgegriff einer "Asylindustrie", durch die Recht außer Kraft gesetzt wird, NGOs zu illegalen Schattenregierungen aufsteigen und Milliardenbeträge aus den Portemonnaies der Bürger in die Taschen von Bauunternehmen, privaten Hilfsdiensten, Security-Firmen und Lobbyisten fließen. Der Zivilisationsprozess ganzer Generationen wird aufs Spiel gesetzt. Mancher hatte bereits im September 2015 gewarnt.

Der Fall Eichbaum
Wie der Islam den öffentlichen Raum erobert

Allzu gerne unterscheidet man in Deutschland zwischen dem radikalen und dem gemäßigten Islam. Zu Letzterem werden Muslime gezählt, die es nicht auf Andersgläubige abgesehen haben oder ihnen nach dem Leben trachten. Radikal ist in den Augen der Mehrheitsgesellschaft lediglich, wer eine offensichtliche Gefahr für Leib und Leben darstellt. Dazu zählen natürlich die feigen Selbstmordattentäter. Es gehören aber ebenso die offiziell bekannten rund 1.000 Gefährder dazu, die von den hiesigen Behörden beobachtet werden, während sie Straftaten vorbereiten, Hass säen und andere radikalisieren.

Die Einteilung in nur zwei Kategorien wird der Realität allerdings nicht gerecht. Sie blendet die große Gruppe jener Muslime aus, die zwar niemals morden würden, unseren Gesellschaftsentwurf aber missbilligen oder verachten. Sie wollen alles aus dem Alltag verbannen, was ihrer Ansicht nach im Widerspruch zum Islam steht. Die gewünschten Veränderungen versuchen sie auf vielfältige Weise durchzusetzen und müssen dabei noch nicht einmal besonders organisiert vorgehen, weil sie wissen, wie sehr Politik, Medien und Unternehmen daran interessiert sind, es ihnen recht zu machen. Während viele Muslime nur deswegen integriert sind, weil sie sich im Grunde für die eigene Religion nicht interessieren, sind es die "Gemäßigten", denen unser Hauptaugenmerk gelten muss.

Sie gewinnen immer mehr Einfluss und Macht. Zu spüren bekommen dies längst auch die Lebensmittelkonzerne. Die sind jedoch selbst schuld, weil sie sich im Kampf um Kunden und Marktanteile willfährig vor den muslimischen Karren spannen lassen. Noch in frischer Erinnerung sind die Retuschen, mit denen auf Lidl-Verpackungen die Kreuze von griechisch-orthodoxen Kirchdächern verschwanden, sowie die unterwürfige Entschuldigungsarie des Discounters wegen eines Frischkäseschnecken-Angebots, das Schweinefett enthielt. Die Rezeptur wurde schließlich geändert, obwohl bis dahin bei der breiten Kundschaft beliebt. Nun hat es die Eichbaum-Brauerei getroffen. Und wieder wirft sich ein Unternehmen vor dem muslimischen Empörungschor in den Staub, statt sich Angriffen selbstbewusst entgegenzustellen und zu seinen Produkten zu stehen.

Der Bierhersteller hatte zur Fußball-Weltmeisterschaft – wie bei vielen Turnieren zuvor – die Flaggen aller Teilnehmer auf die Innenseite der Kronkorken gedruckt. Die Sammelleidenschaft und WM-Begeisterung seiner Kunden kennend, ist dies nicht nur ein pfiffiger Marketing-Gag, sondern auch ein echter Absatzbringer. Blöd nur, dass diesmal auch Saudi-Arabien mit von der Partie ist, dessen Flagge eine Huldigung Allahs ziert. Die Aktion war kaum angelaufen, da machten ihr wütende Muslime ein jähes Ende. Kleinmütig bat Eichbaum "förmlichst um Entschuldigung" und versprach, alle noch nicht verkauften Flaschen aus dem Handel zu nehmen.

Nun könnte man durchaus die Bigotterie thematisieren, sich hinter verschlossenen Türen einen feuchten Kehricht um die Regeln der eigenen Religion zu scheren und dem Alkohol zu frönen. Doch der Punkt ist ein ganz anderer: Der Canossa-Gang der Eichbaum-Brauerei macht deutlich, wie fest die sogenannten gemäßigten Muslime unser Land inzwischen im Griff haben. Sie nutzen jede Gelegenheit für eine Demonstration ihrer Macht. Es geht ihnen nicht um die Sache, sondern darum, mit Proteststürmen, Drohgebärden und Einschüchterungsversuchen den Umbau der Gesellschaft zu einem islamfürchtigen Staat voranzutreiben. Da ihnen die Mehrheitsgesellschaft nicht entgegentritt, sie von Medien und Politik unterstützt werden und sich ihnen Weltkonzerne beugen, sitzen sie am längeren Hebel.

Dabei stehen ihnen in Deutschland 77 Millionen Nicht-Muslime gegenüber, denen es ein Leichtes wäre, ihre Art zu leben zu verteidigen. Doch die Naivität der Deutschen ist nach wie vor so grenzenlos wie das Land selbst. Unter der Fuchtel "gemäßigter" Muslime atmen die Beherrschten schon auf, wenn der Islam nichts Schlimmeres verlangt als eigene Schwimmbadzeiten, erzwungene Umbenennungen von Festen oder spezielle Kita-Speisepläne. Die säkulare Gesellschaft hat aufgehört zu kämpfen und sich im "Stockholm-Syndrom" eingerichtet. Werden unsere Enkel es uns einmal verzeihen können, dass wir die einst lebendige und pluralistische Demokratie einem monokulturellen Herrschaftsanspruch geopfert haben?

Lug und Trug
Wer wagt es, den Asylsumpf endlich trockenzulegen?

Das Bild wird klarer. Scheibchenweise kommen beinahe täglich neue Ungeheuerlichkeiten ans Licht. Deutschland wird von einem offenbar verbreiteten behördlichen Asylbetrug erschüttert, bei dem ideologisierte Amtsleiter jahrelang Asylbescheide in großem Umfang gefälscht haben. Inwieweit sie sich dabei auf die Tolerierung oder gar Rückendeckung der politisch Verantwortlichen verlassen konnten, ist noch nicht abschließend geklärt. Es kann jedoch niemanden überraschen, dass der Missbrauch der Amtsgewalt nach derzeitigem Kenntnisstand im tiefroten Bremen am größten war. Dort regiert seit Kriegsende ununterbrochen die SPD – mal mit, mal ohne Partner.

Kein anderes Bundesland kann auf sieben Jahrzehnte rote Politik zurückblicken. Zudem bilden die Bremer Genossen seit 2007 eine Koalition mit den Grünen. Links-grüne Ideologie ist nun einmal das Gegenteil einer verantwortungsvollen Asylpolitik. Der "bandenmäßige Betrug", der die Staatsanwaltschaft beschäftigt, scheint keinesfalls auf die Bremer Außenstelle des Bundesamtes für Migration und Flüchtlinge beschränkt zu sein. Eine vom Bundesamt selbst eingesetzte Ermittlerin kam zu dem Schluss, dass die Verstrickung bis in die Nürnberger Zentrale reiche. Wegen der brisanten Untersuchungsergebnisse, zu denen auch Hinweise auf eine Vielzahl weiterer Betrugsfälle in Deutschland gehören, wurde sie kurzerhand abberufen.

Offensichtlich passte es einigen Verantwortlichen überhaupt nicht, dass die mit der Aufklärung Beauftragte ihre Aufgabe ernst nahm. Und auch im Bundesinnenministerium ließ man die aus Bayern nach Bremen entsandte Beamtin abblitzen, als sie Alarm schlug. Die Mitarbeiter des damals gerade vereidigten Horst Seehofer wollten dessen Amtszeit augenscheinlich nicht mit einem Skandal beginnen lassen. Zu diesem Zeitpunkt mag noch die naive Hoffnung bestanden haben, die flächendeckende Gewährung zu Unrecht erteilter Asylgenehmigungen unter den Teppich kehren und den Schwelbrand eindämmen zu können. Inzwischen ist klar, dass zwischen 2013 und 2016 in Bremen mindestens 1.200 Personen Asyl ohne eine Rechtsgrundlage erhalten haben. Und auch in mindestens zehn anderen BAMF-Außenstellen soll es auffällige Unregelmäßigkeiten gegeben haben.

Brisant ist, dass das Bundesinnenministerium bereits Anfang 2016 Hinweise auf Betrugsfälle erhalten hat, ohne diesen systematisch nachzugehen oder sie gar öffentlich zu machen. Der damalige Minister de Maizière hätte auf dem Höhepunkt der von der Bundesregierung verursachten Asylkrise Angela Merkel in den Abgrund gezogen, wären die Betrugsfälle bekannt geworden. In der aufgeheizten Stimmung nach den Kölner Silvesterübergriffen wäre dies wohl der Tropfen gewesen, der das Fass hätte überlaufen lassen. Es ist daher wenig verwunderlich, wie diskret Medien, Justiz und Politik den Vorgang bis heute behandelt haben.

Erst jetzt, da die Willkommensblase geplatzt ist und mehrere Jahre Gras über die Sache gewachsen ist, werden die Dinge öffentlich gemacht. Aber nur Stück für Stück, weil der deutsche Michel ja immer noch aufwachen könnte. Heute, wo es für die politisch Verantwortlichen scheinbar keine Konsequenzen mehr hat, wo die Fakten geschaffen sind und sich das Land irreversibel verändert hat, ist man bereit, den Asylskandal einzuräumen. So schön hatte man sich die Welt in den Jahren zuvor zurecht gelogen mit der Erfindung des "subsidiären Schutzes" und allerlei Maßnahmen, die das Asylrecht ausgehöhlt haben. Da liegt der Verdacht nahe, dass die Fülle irregulärer Asylgewährungen eher zum Plan gehörten, als der Überforderung und dem Kontrollverlust des Staates geschuldet zu sein.

Nun also soll der Asylsumpf trockengelegt werden, was wenig glaubwürdig klingt, wenn man schon die Überbringerin der schlechten Nachricht lieber vom Hof gejagt hat, als ihr den verdienten Ruhm zukommen zu lassen. Ob es einen Untersuchungsausschuss zur Merkelschen Willkommenskrise geben wird, darf bezweifelt werden. Aber auch ohne diesen wissen Deutschlands Bürger, dass sie von höchster Stelle betrogen worden sind. Das Bundesamt für Migration und Flüchtlinge hat viele Jahre lang zugelassen, dass nach Gutdünken entschieden werden konnte. Wer so handelt, ist eine Gefahr für den Rechtsstaat. Dies muss man letztlich der Kanzlerin anlasten, die das Thema Zuwanderung zur Chefsache gemacht hat. Doch wer hat den Mut sie zur Verantwortung zu ziehen?

Merkels Leibwächter
Wieso die Grünen den BAMF-Ausschuss verhindern

Demokratie finden die Grünen angeblich klasse. Lauscht man ihren Wahlkampfreden, kann es für sie gar nicht genug Bürgerbeteiligung, politische Transparenz und zivilgesellschaftliches Engagement geben. In ihrem Bundestagswahlprogramm versprachen die Sonnenblumenanbeter sogar, sich für die Verankerung von Volksentscheiden im Grundgesetz einsetzen zu wollen. Was so wunderbar klingt, hat allerdings einen gewaltigen Haken: Demokratie finden die Grünen nämlich immer nur dann gut, wenn es ihrer Ideologie nutzt. Andersdenkende wollen sie hingegen lieber aus dem gesellschaftlichen Diskurs verbannen. Und auch mit der Transparenz ist es schnell vorbei, wenn die grüne Propaganda am Ende auffliegen oder grünes Handeln als teurer Irrweg erkannt werden könnte.

Dabei gäbe es viel zu durchleuchten: Neben sektenhaften Beschwörungsritualen zum Erwecken spukender Geister, auch manch gängelndes Bürgerbegehren, das mit manischer Besessenheit betrieben wird, und fragwürdige Gerichtsurteile, die parteinahe Lobbyvereine erstreiten. Stets geht es dabei um das Pflegen eines Feindbildes: Das Auto, die Landwirtschaft, die Kernkraft, der Nationalstaat – oder eben der Mensch, der sich nicht so benehmen will wie von den Grünen verordnet. Nun könnte es der Welt herzlich egal sein, wenn ein paar motzende Spätpubertierende trotzig mit den Füßen aufstampfen.

Doch leider haben die "68er" alle Institutionen unter ihre Kontrolle gebracht. Vor allem beherrschen sie die Redaktionen. So bestimmt eine Partei den Kurs des Landes, die nur für wenige Millionen Menschen spricht. Sie kann es, weil alle, die an der Macht sind, nur dann dort bleiben, wenn sie keine Politik gegen die Grünen machen. Angela Merkel hat diesen Opportunismus perfektioniert, der keinerlei Raum mehr für eigene Überzeugungen lässt. Sie hat ihr Schicksal so eng mit den Grünen verknüpft, dass man schon kaum mehr von zwei unterschiedlichen Parteien reden kann. Das mag zwar noch für die Mitgliederbasis gelten, doch auf der Führungsebene trennt CDU und Grüne wenig. So kommt es, dass Merkel zwar formal einer "Großen Koalition" vorsteht, in Wahrheit aber zusammen mit den Grünen regiert.

Diese machen daher auch wenig Anstalten, ihre Oppositionsrolle im Bundestag anzunehmen. Vielmehr drängt sich der Eindruck auf, es handele sich bei Göring-Eckardt & Co. um jenen Teil der Koalition, der nicht mehr auf die Regierungsbänke gepasst hat und lediglich aus Platzgründen irgendwo zwischen den Oppositionsparteien sitzt. Dort bilden die Grünen ein wirkungsvolles Schutzschild für die Kanzlerin. Sie schränken die Handlungsfähigkeit einer Opposition weiter ein, die sich lieber an der AfD abarbeitet als an der Bundesregierung. Nun also wollen sie verhindern, dass eines der unrühmlichsten Kapitel der deutschen Nachkriegsgeschichte parlamentarisch aufgearbeitet wird, da dies ihrer Herrin das Amt kosten könnte.

Doch dessen bedarf es gar nicht, um festzustellen, dass Angela Merkel Deutschland schwer beschädigt hat. Zu keinem anderen Schluss könnte ein Untersuchungsausschuss kommen, der sich unbefangen mit den Vorgängen im Bundesamt für Migration und Flüchtlinge sowie den Entscheidungen der politisch Verantwortlichen im Zuge der Massenzuwanderung beschäftigt. Seit 2015 ist nichts mehr, wie es einmal war. Doch ein Untersuchungsausschuss würde nicht nur Fakten sammeln und offenlegen, sondern auch zeigen, dass vieles von dem, was passiert ist, politisch gewollt war. Ein derartiges Gremium hätte Gewicht. Es würde sich intensiv mit der Flüchtlingspropaganda der polit-medialen Kaste zur Durchsetzung einer gesellschaftsschädlichen Regierungspolitik beschäftigen.

Deshalb wollen die Grünen den Untersuchungsausschuss verhindern. In der Linkspartei finden sie dabei einen kongenialen Rechtsstaatsgegner, der sogar Merkels Verbleib in Kauf nimmt, um die eigene Ideologie zu verteidigen. Das Lügengebilde der massenhaft vor Leid und Verfolgung "Geflüchteten" würde augenblicklich an den Ergebnissen eines Ausschusses zerschellen. Nichts mehr wäre es mit der Schönfärberei, der Vertuschung und der Verdrehung von Fakten. Und der CDU bliebe nichts anderes übrig, als Merkel zu opfern, um sich als Partei zu retten. Ein Untersuchungsausschuss zum Flüchtlings- und Asylskandal wäre ein enormer Gewinn für die Demokratie. Und er wird eben aus diesem Grund nicht kommen. Merkels grünen Leibwächtern sei Dank.

Der zügellose Parteienstaat
Immer mehr Geld für immer weniger Demokratie

Oft schon habe ich aufgezeigt, wie sehr der Parteienstaat aus dem Ruder gelaufen ist. Was sich die Gründungsväter unserer Demokratie einmal ausgedacht hatten, ist rund 70 Jahre später längst von unersättlichen Berufspolitikern pervertiert worden. Immer weiter drehen die Parteien und ihre Abgeordneten den Geldhahn für sich auf. Sie agieren dabei völlig autark, weil sie ihre Bezüge selbst festlegen und eine Mitsprache von außerhalb des Parlaments nicht vorgesehen ist. Daran ändern auch Ausschussanhörungen und Plenardebatten nichts. Wer es einmal in den erlauchten Kreis der Bundestagsabgeordneten geschafft hat, erhält fast € 10.000 im Monat. Besonders Geschickte haben am Ende noch mehr als das in der Tasche – netto.

Darüber hinaus gönnen sich die Parteien € 165 Mio. im Jahr aus dem Topf der Steuerzahler. Nun soll dieser Betrag sprunghaft steigen: Gleich um 15% soll die staatliche Parteienfinanzierung angehoben werden, auf stattliche € 190 Mio. pro Jahr. So will es die Große Koalition in ihrem Gesetzentwurf, der zu Wochenbeginn in einer Anhörung des Ausschusses für Inneres und Heimat diskutiert wurde. Dabei sorgen die Ausschüttungsregularien dafür, dass Union und SPD am stärksten von einer Erhöhung profitieren. Der Vorstoß, der an sich schon eine Unverfrorenheit ist, kommt in einer Zeit, in der die etablierten Parteien unter Druck stehen wie nie zuvor.

Parteien sind heute große Wirtschaftsunternehmen, deren Geschäftszweck darin besteht, für sich den maximalen Ertrag aus der Demokratie herauszuholen. Ertrag ist dabei wörtlich zu nehmen: Nie zuvor in der Geschichte unseres Landes waren Parteien und deren Stiftungen finanziell besser mit Steuermitteln ausgestattet. Ihr Hauptaugenmerk gilt nicht mehr der ihnen eigentlich zugedachten "Mitwirkung an der Willensbildung des Volkes", sondern der Absicherung der Macht und dem Erhalt der Daseinsberechtigung. Längst hat der Souverän die demokratische Kontrolle über seine Volksvertreter verloren. Daran ändert auch die Tatsache nichts, dass er alle paar Jahre zur Urne gebeten wird. Denn die Gewählten haben sich Parteiräson und Fraktionszwang zu beugen. Sie agieren zum Wohl der Partei, nicht mehr zum Wohl der Gesellschaft.

Nach sieben Jahrzehnten, in deren Verlauf er sich auf erschreckende Weise verselbständigt hat, bedarf der Parteienstaat daher einer grundlegenden Reform – allerdings keiner, die ihm noch mehr Steuermittel in den Rachen wirft, sondern ihm Geld und Macht nimmt. Doch woher sollte diese kommen? Die von den Parteien installierten Mechanismen sind durch die Wähler nicht mehr zu verändern. Nur mit massivem öffentlichen Druck, der ohne eine breite mediale Unterstützung nicht aufzubauen ist, könnten die Selbstbediener gestoppt werden. Da aber die unappetitliche Forderung nach noch mehr Steuerzahlergeld dem Aufstieg eines verhassten neuen Mitbewerbers geschuldet ist, werden die Redaktionen stillhalten.

Denn es ist vor allem der Erfolg der AfD, der den alteingesessenen Parteien finanziell so zusetzt. Die gedeckelte Ausschüttungssumme muss nicht nur mit der wiedererstarkten FDP, sondern insbesondere mit der im Bundestag und bald in allen Landesparlamenten vertretenen AfD geteilt werden. Der Kampf gegen die neue Partei war von Beginn an vom Unmut darüber getrieben, dass fortan ein weiterer Mitbewerber vom Kuchen isst. Und auch wenn inzwischen ideologische Gründe überwiegen, sind es die schmerzlichen Millioneneinbußen infolge der an die AfD fließenden Gelder, die Union und SPD auf den Plan rufen. Statt sich aber einzuschränken und die eigenen Apparate gesundzuschrumpfen, vergeht man sich lieber einmal mehr am Steuerzahler. Fadenscheinig ist die Begründung, man brauche das Geld, um in den sozialen Medien Schritt halten und Hackerangriffe abwehren zu können.

Zugleich treibt die Große Koalition von vielen unbemerkt auf europäischer Ebene den Demokratieabbau voran. Ab 2024 soll es für Europawahlen wieder eine Sperrklausel geben. Die hatte das Bundesverfassungsgericht zwar erst vor vier Jahren gekippt, doch wird es durch eine trickreiche europaweite Absprache umgangen. Die auf Betreiben von CDU und SPD erzielte Einigung Deutschlands mit den anderen EU-Staaten soll kleinen Parteien künftig die Chance auf einen Einzug ins EU-Parlament nehmen. So will man ungeliebte Querdenker und Diätenempfänger fernhalten. Die Parteien haben die Demokratie gekapert. Es könnte bereits zu spät sein, ihnen beizukommen.

Abpfiff für Schwarz-Rot-Gold
Die Angst der Politik vor der nationalen Identität

Endlich hat das größte Fußballturnier der Welt auch für die deutsche Nationalmannschaft begonnen. Doch Stimmung will nicht recht aufkommen, und das liegt nicht nur am schwachen Auftritt der DFB-Kicker. Selten war eine Fußball-Weltmeisterschaft hierzulande im Vorfeld von so heftigen Kontroversen begleitet worden wie das vierwöchige Spektakel in Russland. Vor allem die Nominierung zweier Spieler, die offen mit dem nationalislamistischen Regime in der Türkei sympathisieren, hat vielen Fans die Laune verdorben. Doch auch jenseits der Affäre um Mesut Özil und Ilkay Gündogan leidet die Identifikation mit dem eigenen Team seit geraumer Zeit.

Während andere Länder stolz die Farben ihrer Flagge für die Bezeichnung ihrer Nationalelf wählen oder ihr Team kämpferisch als "Löwen" auf den Platz schicken, ist die DFB-Truppe zu einer Delegation blutleerer Sportdiplomaten mutiert, die weder Stolz noch Leidenschaft ausstrahlen. Seelenlos präsentiert sich schon beim Abspielen der Nationalhymne "Die Mannschaft", wie die ehemalige Fußballnationalelf nach mehrfachem politischen Glattbügeln heute noch heißen darf. Eher teilnahmslos lassen die Spieler die Hymne über sich ergehen. Mancher bewegt zumindest die Lippen zur Musik, andere verweigern sich ganz – mit der komfortablen Maßgabe ausgestattet, keinesfalls mitsingen zu müssen.

Wie wohltuend sind im Kontrast doch die beherzten Auftritte vieler anderer Teams, bei denen die gesamte Mannschaft mit der Hand auf dem Herzen voller Inbrunst ihre Hymne schmettert. Deutschland hingegen mangelt es an Stolz auf die eigene Identität. Aus den Elfenbeintürmen der Berufspolitik schaut man mit einigem Unbehagen auf eine Gesellschaft, die zu Großereignissen als Nation zusammenfindet und Autos oder Balkone beflaggt. Viel lieber möchte das politische Personal Fanmeilen und Public Viewings als kunterbunte Multi-Kulti-Events zelebrieren, die der allumfassenden Migrationseinladung an die Welt das freundliche Willkommensgesicht verleihen. Denn wo es keine fremde Identität gibt, da kommt man gerne hin.

Das Unbehagen ist größer denn je. Nach dem vorübergehenden Hoffnungsschimmer des "Sommermärchens" ist die berufspolitische Verkrampfung im Umgang mit dem eigenen Nationalbewusstsein überall spürbar. Getrieben vom Wahn, eine bestimmte Partei könnte sich der nationalen Seele bemächtigen und Millionen feiernder Fans mit einem Nazi-Virus infizieren, ist plötzlich wieder alles verpönt, was irgendwie schwarz-rot-golden daherkommt. Kein Wunder, dass die Umsätze mit Fanartikeln in den deutschen Farben mau sind. Dem Trikot der eigenen Nationalmannschaft hat man die Farben gleich ganz ausgetrieben. Im schnöden Schwarz-Weiß-Grau läuft der Fan auf, der sich das mehr als 80 Euro teure Leibchen seiner Kicker überstreift. Wer es wagt, sich mit den Nationalfarben zu schmücken, muss die Antifa fürchten.

Deren politischer Arm, die Linksjugend, ruft seit langem zu der Straftat auf, Deutschlandfahnen an Autos abzuknicken. Immerhin nicht ganz so weit geht Claudia Roth, eine der Vizepräsidenten des Deutschen Bundestags. Doch auch die Grüne macht keinen Hehl aus ihrer wohlbekannten Verachtung für alles Nationalstaatliche. Es ist ein Zeichen unserer Zeit, dass eine Frau ein hervorgehobenes parlamentarisches Amt ausüben darf, die sich offen gegen eines der bedeutendsten Symbole unserer Demokratie stellt. Denn nicht für Nationalismus steht die deutsche Flagge, wie Roth meint, sondern für Freiheit und Rechtsstaatlichkeit. Das gilt ganz und gar nicht für die türkische Fahne, mit der sie sich so gerne zeigt. Ernst nehmen kann man die ungelernte Ex-Managerin einer pleite gegangenen Politrockband also sicher nicht, wenn sie vor "nationaler Selbstbeweihräucherung" warnt.

Von dieser sind Deutschlands willkommensgeschundene Bürger etwa so weit entfernt wie der Mond von der Erde. Ohnehin bietet die Nationalmannschaft wenig Anlass zu Überschwang. Früh waren die fußballerischen Mängel erkennbar. Obendrein haben Özil und Gündogan unter Mitwirkung eines befangenen Bundestrainers eine gewaltige Unruhe in die Mannschaft getragen. "Die Nationalmannschaft ist Spiegelbild unserer multikulturellen und multireligiösen Gesellschaft", philosophiert Roth. Doch nicht jede Kultur und nicht jede Religion versteht sich als Teil unserer Nation. Hier liegt das Problem – nicht etwa in der nationalen Begeisterung fahnenschwenkender Deutscher.

Der Sieg des Sultans
Die Türkei auf dem Weg in Erdoğans Kalifat

Recep Tayyip Erdoğan hat sich endgültig der Demokratie entledigt. Mit der Verfassungsreform, die ihn als wieder-gewählten Präsidenten auch zum Regierungschef macht, verfügt der Sultan vom Bosporus über uneingeschränkte Macht. Nun kann er das Land zu einem islamischen Gottesstaat umbauen. Erdoğan hat nie einen Hehl daraus gemacht, sich demokratischer Regeln nur so lange bedienen zu wollen wie nötig. "Die Demokratie ist nur der Zug, auf den wir aufsteigen, bis wir am Ziel sind", bekannte er als Oberbürgermeister von Istanbul bereits vor 20 Jahren. "Die Moscheen sind unsere Kasernen, die Minarette unsere Bajonette, die Kuppeln unsere Helme und die Gläubigen unsere Soldaten", wies er martialisch den Weg.

Zu zehn Monaten Gefängnis verurteilte ein damals noch funktionierender Rechtsstaat den religiösen Einpeitscher wegen Aufstachelung zu Hass und Feindschaft, vier davon saß dieser tatsächlich ab. Es war früh klar, dass hier jemand in höchste politische Ämter strebt, der nicht weniger plant, als die Errichtung einer Diktatur. Unverkennbar sind die Parallelen zum dunkelsten Kapitel des 20. Jahrhunderts. Dies gilt auch für Erdoğans Parteien. Schon die "Nationale Heilspartei" erinnerte dem Namen nach an historisches Unheil, und auch die zwei später verbotenen Nachfolgeparteien waren nationalistische Gruppierungen mit islamistischer Grundausrichtung.

Erdoğan wird künftig über eine Türkei herrschen, die er systematisch zu einem Kalifat umgebaut hat. Nur noch Kulisse sind Regierung, Parlament und Gewaltenteilung. Ein weiteres Stück Land auf unserem Globus fällt damit dem fundamentalistischen Islam zum Opfer, wie dies im Nahen und Mittleren Osten seit einem halben Jahrhundert der Fall ist. Die Türkei verliert damit ihre "Brückenfunktion", ihr Wert für den Westen sinkt rapide. Dennoch ist es vor allem Angela Merkel, die den Sultan auch weiterhin braucht, um ihren zwangsläufigen Abschied aus dem Kanzleramt hinauszuzögern. Zwar ist der "Flüchtlingsdeal" mit der Türkei das Papier nicht wert, auf dem er steht, doch reicht der medial zur Heldentat aufgemotzte Bückling der Kanzlerin nach wie vor, um Lieschen Müller Sand in die Augen zu streuen und einen Teil der Fluttore geschlossen zu halten.

Erdoğans Auslandsarmeen haben ihm den Sieg beschert. Überall erfreut sich der Führer der Türken eines enormen Zuspruchs. In Deutschland sowieso, aber auch in Frankreich, Österreich, Belgien und in den Niederlanden. Man muss schon mit reichlich politischer Dummheit geschlagen sein, um die vielen Millionen Erdoğan-Wähler in Europa für integriert zu halten. Immer unverhohlener wird die säkulare Gesellschaft und der demokratische Rechtsstaat abgelehnt, wie die regelmäßigen Befragungen türkischer Migranten zeigen. Für diese Feststellung braucht es nicht einmal Nationalspieler, die beharrlich ein Bekenntnis zu Deutschland verweigern.

Wirtschaftlich leidet die Türkei zusehends unter der fortschreitenden Islamisierung. Auf sagenhafte 17,75 Prozent hat die Zentralbank den Leitzins angesichts des rasanten Lira-Verfalls inzwischen angehoben. Die Inflation galoppiert und das Wachstum schwächelt bedenklich. Gift für das Ansehen des Sultans, der sich bald auch der Geldpolitik bemächtigen dürfte, um seine Wähler bei Laune zu halten – koste es, was es wolle. Die Türkei wäre beileibe nicht die erste Diktatur und schon gar nicht das erste islamische Land, in dem die Armut wächst, sobald die demokratischen Reststrukturen abgeschafft sind. Während die Bevölkerung in den sozialistischen Ländern Lateinamerikas auf die Barrikaden geht, setzt Erdoğan jedoch darauf, dass das rigide Regiment des Islams seinen Dienst tut.

Der verhasste iranische Erzfeind bietet Anschauungsunterricht dafür, wie die harte Hand der Religion Staat und Gesellschaft unter Kontrolle hält, um die Macht der Islamisten zu sichern. Keine guten Aussichten für die türkische Bevölkerung. Wie blanker Hohn klingt da der Name von Erdoğans AKP, die als "Partei für Gerechtigkeit und Aufschwung" daherkommt. Für die weitere Entwicklung wird es darauf ankommen, wie die Regierungen Europas mit der islamischen Diktatur Türkei umgehen. Das vergangene Jahrhundert hat gezeigt, dass ein wohlwollendes Wegsehen den Weg für Katastrophen ebnen kann. Auch wenn es diesmal nicht die Nazis sind, die Europa bedrohen, ist Wachsamkeit geboten. Wir haben es mit einer Weltanschauung zu tun, die ihnen in wenig nachsteht.

Alles nur heiße Luft
Europas fauler Asylkompromiss und seine Folgen

Der Berg kreißte – und er gebar eine Maus. Selten hat die kriselnde Europäische Union ihre mangelnde Handlungsfähigkeit kümmerlicher unter Beweis gestellt als mit den Beschlüssen zur künftigen Asylpolitik. Heraus kam eine Absichtserklärung, bald miteinander darüber zu sprechen, wie man eine geordnete Zuwanderung organisieren könnte. Alles völlig freiwillig, versteht sich. Für Deutschlands Journalisten reichte dies, um zu verkünden, Europa habe sich auf eine Verschärfung seiner Asylpolitik verständigt. Und die Kanzlerin phantasierte von über einem Dutzend Zusagen aus ganz Europa, "Rückführungsabkommen" für jene Asylbewerber zu schließen, die ihren Antrag nach geltendem Recht gar nicht in Deutschland stellen dürfen.

Vierzehn Staaten hätten hierzu ihre Bereitschaft erklärt, teilte Merkel den Koalitionsspitzen mit, obwohl dies offensichtlich nicht der Wahrheit entsprach. Ungarn, Polen und Tschechien ließen den Taschenspielertrick rasch auffliegen. Und Horst Seehofer schmollt. Der Innenminister und CSU-Chef, der unlängst polterte, "mit der Frau nicht mehr arbeiten" zu können, weil sie die Unwahrheit sage und unzuverlässig sei, scheint aufzugeben. Damit hätte Merkel freie Bahn für ihre Migrationsagenda. Ob ihr dies am Ende wirklich nutzt, bleibt abzuwarten. Immer mehr Wähler und selbst ein Teil der Journalisten verweigern ihr inzwischen die Gefolgschaft. Europa sowieso.

Der Asylkompromiss ist nichts als heiße Luft. Kaum ein europäischer Staat dürfte bereit sein, eines der angedachten "geschlossenen Aufnahmezentren" auf seinem Gebiet zu errichten und sich auf diese Weise Migrationsprobleme ins Land zu holen, die man künftig noch viel einfacher als bisher auf Deutschland abwälzen kann. Ohnehin ist die Dublin-Verordnung schon heute Makulatur, nach der ein Asylantrag in der Europäischen Union nur in dem Land gestellt werden kann, in das ein Antragsteller eingereist ist. Mit der seit Jahren geübten Praxis, jedem Migrationswilligen die Tür aufzuhalten, hat Deutschland längst eine Sogwirkung entfaltet. Dabei führt die fehlende Kontrolle an den Grenzen zu einer beliebigen Einwanderung.

Wo immer Zuwanderer das europäische Festland erreichen, hat die weit überwiegende Mehrheit von ihnen nur eines im Sinn: So schnell wie möglich in Deutschland ankommen, wo der am üppigsten ausgestaltete Sozialstaat wartet und Abschiebungen auch im Falle der Ablehnung kaum zu befürchten sind. Der künftig wieder erlaubte Familiennachzug tut sein Übriges. Und auch weiterhin wird es trotz aller Absichtserklärungen keine wirksamen Maßnahmen gegen illegale Einwanderer geben. Da nutzt es wenig, dass die Europäische Agentur für die Grenz- und Küstenwache Frontex mit weiteren Steuermilliarden gestärkt werden soll. Die Gipfelbeschlüsse sind eine glatte Luftnummer. Dass die Kanzlerin zur Lüge greifen muss, um die europäischen Asylvereinbarungen als Erfolg zu verkaufen, zeigt ihre ganze Verzweiflung.

Nach dem Vorbild der Rückführungsprämien, die hierzulande an abgelehnte Asylbewerber gezahlt werden, wenn diese in ihre Heimat zurückkehren, erhält Griechenland ab sofort Geld dafür, dass es Asylbewerber zurücknimmt, die ohnehin dort ihren Antrag hätten stellen müssen. Dies ist Teil des jüngsten Abkommens, auf das Angela Merkel so stolz ist. Zudem dürfen die Griechen ganz offiziell Zuwanderer nach Deutschland weiterschicken, die sich auf hier gelandete Familienangehörige berufen. Gleiches gilt für Spanien, das ebenfalls zugesagt hat, das lukrative Abkommen mit Deutschland zu schließen. Unter dem Strich sorgt dies für nicht einen aufgenommenen Migranten weniger in Deutschland. Die weiteren geplanten Übereinkünfte dürften sich an diesen Rahmendaten orientieren.

Merkel wurde beim EU-Gipfel vorgeführt. Lachend halten die Staats- und Regierungschefs die Hand dafür auf, ihr den Stuhl zu retten. Ihren lästigen Innenminister und Dauerrivalen Seehofer hat sie kleingekriegt, könnte sich aber auch dabei verrechnet haben. Denn sein angedrohter Amtsverzicht setzt sie unter Druck. Zwar könnte Merkel selbst im Falle eines Ausscheidens der CSU-Fraktion aus der Regierungskoalition mit Duldung der Grünen auch ohne ihre Schwesterpartei weiterregieren, doch hätte sie neben der AfD dann einen politischer Gegner, der sich von ihren Hofberichterstattern nicht so einfach ins Reich der Nazis verbannen ließe. So oder so, könnte sich Merkels EU-Finte zur Entsorgung ihres Innenministers früher oder später als Pyrrhussieg herausstellen.

"Die Zerstörerin der EU"
Auch Amerikas Linke wollen Merkels Rücktritt

Es erregte viel Aufsehen, als der ARD-Journalist Malte Pieper Angela Merkel öffentlich zum Rücktritt aufforderte. Der langjährige Korrespondent des Hauptstadtstudios, der den für die Kanzlerin enttäuschend verlaufenen Asyl-Gipfel der Europäischen Union verfolgt hatte, bescheinigte Merkel nicht nur, dass ihr in Europa keiner mehr über den Weg traue, sondern forderte sie ultimativ auf, das Kanzleramt zu räumen. Nie zuvor hatte man solch klare Worte aus dem Mund eines Journalisten vernommen, schon gar nicht im öffentlich-rechtlichen Rundfunk. Und auch die Springer-Presse rückt mit einem Mal sichtlich von Merkel ab.

Schnell waren Pieper und seine Kollegen anschließend jedoch wieder zur Tagesordnung übergegangen. In Horst Seehofer, der kurz darauf einen heftigen Streit mit der in Ungnade Gefallenen anzettelte, hatten Deutschlands Medien sogleich ein neues Angriffsziel. Nicht mehr die gescheiterte Kanzlerin war das Thema, sondern der bockige Innenminister. Und als die verzweifelt an Merkels Kanzlerschaft hängende SPD der Seehoferschen Drohgebärde die Wirkung genommen hatte, waren die medialen Steigbügelhalter mit ihrer Herzdame wieder im Reinen. Lässig habe die Bundeskanzlerin die neuerliche Krise gemeistert, stark wie gewohnt habe sie Europas Populisten in die Schranken gewiesen.

Dass nichts von alledem wahr ist, wie überhaupt ein großer Teil der Berichterstattung der letzten Jahre, stört die nach wie vor zahlreichen Merkel-Groupies nicht. Dabei sollte auch dem Letzten längst klargeworden sein, dass die Kanzlerin inzwischen eine Gefahr für den Kontinent darstellt, der politisch auseinanderzubrechen droht. Merkel hat nicht nur Deutschland gespalten, sondern auch die Europäische Union. Immer weniger Bürger vertrauen den Institutionen, den Regierungen oder gar dem Rechtsstaat. Erkannt haben dies in Europa viele, ob in Österreich, der Schweiz, in Italien, Großbritannien oder sonst irgendwo. Da muss man gar nicht erst nach Osteuropa schauen, wo Merkels Asylkurs ohnehin vom ersten Tag an als Irrweg entlarvt worden war.

Gegenwind kommt nun auch aus einer Ecke, aus der man es wohl eher nicht vermutet hätte: Die "linksliberale" New York Times hält der deutschen Regierungschefin in drastischen Worten sämtliche Verfehlungen vor. "Warum Merkel gehen muss", lautet der Titel des eindringlichen Rücktrittsappells, in dem Autor Bret Stephens bilanziert, es stehe zu viel auf dem Spiel, als dass "ein verworrener Kopf wie Merkel bleiben könnte". Um die Tragweite des Artikels zu verstehen, muss man wissen, dass "linksliberal" im angelsächsischen Raum für jene politische Überzeugung steht, die wir als "links-grün" bezeichnen würden. Und es war eben jene New York Times, die nach Donald Trumps Wahl Merkel als "letzte Verteidigerin des freien Westens" verklärt hatte.

Umso erstaunlicher ist das Abrücken Jubelchors aus New York von seiner früheren Ikone. Zwar ist Bret Stephens bei der New York Times ungefähr das, was Jan Fleischhauer bei SPIEGEL Online ist, nämlich der konservative Stachel im linken Fleisch, der dort so etwas wie Hofnarrenstatus genießt, doch ist die überdeutliche Rücktrittsforderung in ihrer Schärfe bemerkenswert. Selbst das linke Amerika hat erkannt, welche Belastung Angela Merkel in ihrer vierten Amtszeit für die Welt geworden ist. Es gehört zum guten Ton der Linken, dass sie die Gefahr, die von Merkels Wirken ausgeht, vor allem daran festmachen, dass sie die sogenannten Rechtspopulisten großmachen würde. Immer wieder wird dabei darauf verwiesen, dass die von Deutschlands Journalisten inzwischen als "rechtsnational" diffamierten politischen Kräfte gefährliche Rattenfänger mit einfachen Antworten seien.

Den sich gegenseitig in ihrer Wahrnehmung bestärkenden Journalisten fällt indes gar nicht auf, dass sie sich mit dieser einfachen Sichtweise selbst zu populistischen Rattenfänger mit krudem Weltbild machen. Denn der Erfolg der konservativen Regierungen auf unserem Kontinent ist nicht etwa nur eine Folge des von Angela Merkel angerichteten Asylchaos. Er ist vielmehr die Antwort auf eine jahrelange Geiselnahme durch die Political Correctness, die Amerikas Linke nach Europa getragen haben. Damit haben sie Merkels europaschädlichem Regiment erst den Boden bereitet. Nun gehört die Herrschaft der Linken der Vergangenheit an. Ein Hoffnungsschimmer für Europa!

Kampf um einen Gefährder
Tunesien ringt mit dem links-grünen Deutschland

Als Nachrichtenkonsument muss man schon topfit sein, damit die Posse um Osama Bin Ladens Ex-Leibwächter keine gesundheitlichen Folgeschäden hinterlässt. Was ist in einem Land los, das allen Ernstes darauf besteht, einen gefährlichen Islamisten wiederhaben zu wollen, nachdem man ihn gerade erst losgeworden ist? Was treibt Richter an, die eine der seltenen Abschiebungen, die Deutschland überhaupt vornimmt, für "grob rechtswidrig" halten, weil sich ein Gefährder in seinem Heimatland den dortigen Regeln der Justiz und Gerichtsbarkeit unterwerfen muss? Das alles ist derart verrückt, dass man den Glauben an den deutschen Rechtsstaat verlieren könnte. Denn Sami A., um den die deutsche Justiz so erbittert kämpft, ist beileibe kein unbeschriebenes Blatt.

Seit Anfang 2018 ist der 42-Jährige in Tunesien wegen Terrorverdachts zur Fahndung ausgeschrieben. Nun sitzt er dort in Haft, nachdem Deutschland ihn abgeschoben hatte. Die tunesischen Behörden lassen keinen Zweifel daran, dass sie Sami A. der eigenen Strafverfolgung zuzuführen gedenken und sich jedwede Einmischung von außen verbitten. "Dieser Fall betrifft die Justiz Tunesiens, das ein souveräner Staat ist", konterte der Sprecher der Anti-Terror-Staatsanwaltschaft die deutschen Allüren. Es bleibt abzuwarten, ob das nordafrikanische Land dem politischen Druck aus Deutschland standhalten kann.

Die Welt ist aus den Fugen geraten. Ein einziges Wort hat die Rechtssysteme in weiten Teilen Europas zerstört. Wo immer jemand "Asyl" ruft, scheint kein anderes Gesetz mehr zu gelten. Vor allem in Deutschland wird alles diesem einen Begehren unterworfen. Und so kommt es, dass offenbar ideologisierte Anwälte mit eigener Agenda der Gerechtigkeit erfolgreich den Vogel zeigen und ihren rechtstreuen Mitbürgern lachend die Zunge rausstrecken können. Es finden sich immer irgendwo Richter der 68er-Generation, die das üble Spiel nur allzu gerne mitspielen. Noch beißen sie sich an Tunesien die Zähne aus. Es klingt verrückt und ist doch real: Da tritt ein von zerstörerischen Aktivisten gekaperter Rechtsstaat das Rechtsempfinden seiner Bürger mit Füßen und scheitert am rechtsstaatlichen Handeln eines Landes, dem man nur allzu gerne unterstellt, dort regiere die Gesetzlosigkeit.

Natürlich sieht es in nordafrikanischen Gefängnissen anders aus als bei uns. Und ganz sicher sind die Haftbedingungen schlimm. Vielleicht wird auch gefoltert. Dass es in Deutschland anders ist, dass bei uns immer das Wohl des Täters an erster Stelle steht, kann beileibe kein Maßstab sein, an dem sich alle anderen zu orientieren haben. Deutschland als Heilsbringer für die Welt – das hatten wir schon einmal. Doch was glauben die links-grünen Rechtsstaatsgegner eigentlich, wer sie sind, dass sie gottgleich über dem Rest der Menschheit stehen? Wer hat sie jemals ermächtigt, ihr selbstgerechtes Weltbild allen anderen aufzuzwingen?

Tunesien täte gut daran, hart zu bleiben. Wer den internationalen Terrorismus bekämpfen will, kann sich nicht mit der Frage möglicher Unannehmlichkeiten für mutmaßliche Täter aufhalten. Einige der gefährlichsten Islamisten kommen aus den Maghreb-Staaten. Dies gilt nicht nur für Anis Amri, den die deutsche Kuscheljustiz so lange verschonte, bis er zwölf Menschen umbringen konnte. Auch eine Reihe weiterer Terrorattacken in Europa gehen auf das Konto marokkanischer, tunesischer oder algerischer Islamisten. Wenn die Anti-Terror-Einheiten dieser Länder, die bestens über die Umtriebe der Dschihad-Szene informiert sind, jemanden zur Fahndung ausschreiben, dann ganz sicher nicht ohne Grund. Es ist anmaßend von Deutschland, das längst im geheimdienstlichen Amateurlager spielt, die Kompetenz und Rechtsstaatlichkeit Tunesiens bei der Anti-Terror-Verfolgung in Frage zu stellen, in dem man die Freigabe eines Gefährders verlangt.

Es ist grotesk, dass immer wieder Täter von Deutschland beschützt werden, die andernorts als Terroristen nur allzu gerne vor Gericht gestellt würden. Dass Deutschland umgekehrt manch anderes Land der Terrorhilfe bezichtigt, ist vor diesem Hintergrund regelrecht obszön. Übrigens könnten die Urlaubsparadiese Tunesien und Marokko schon lange sichere Herkunftsländer sein. Die Frage der verbotenen Abschiebung würde sich dann gar nicht mehr stellen. Grüne und Linke verhindern dies jedoch seit Jahren. Noch lange vor Europas Terrortoten war der deutsche Rechtsstaat ihr erstes Opfer.

Das Milliardenspiel
Was uns die Parteien und Abgeordneten kosten

Im Bundestag regnet es Geld. Und wieder greift die Berufspolitik dem Steuerzahler tief in die Tasche. Nachdem die Große Koalition mit ihrer Stimmenmehrheit gerade erst dafür gesorgt hatte, den Parteien zusätzliche Millionenbeträge in die Kassen zu spülen, haben sich die Bundestagsfraktionen kurz vor der parlamentarischen Sommerpause nahezu unbemerkt von der Öffentlichkeit auch ihre eigenen Gelder kräftig erhöht. Der auf 709 Abgeordnete angewachsene Bundestag ist uns Wählern nun satte 112 Millionen Euro im Jahr wert, weil die Abgeordneten meinen, dass ein dreiprozentiger Aufschlag auf ihre Fraktionsgelder bei einer Inflationsrate von rund 2% gerade recht ist.

Dazu kommen weitere drei Millionen Euro für die Große Koalition zur Finanzierung des "Nachrüstungsbedarfs bei der Digitalisierung und IT-Sicherheit". Die Zahlungen an die Bundestagsfraktionen erhöhen sich damit insgesamt auf einen Schlag um mehr als 30%. Rechnet man die auf 190 Millionen Euro angehobenen Zuweisungen aus der staatlichen Parteienfinanzierung hinzu, die nur zu einem Bruchteil an Parteien und Wählergruppen außerhalb des höchsten deutschen Parlaments fließen, erhalten die sieben im Bundestag vertretenen Parteien und die sechs dazugehörigen Fraktionen 2018 rund 300 Millionen Euro für ihre politische Arbeit.

Doch das ist nicht alles. Zusammen mit den Diäten und Kostenpauschalen für die Abgeordneten und den staatlichen Geldern für die Parteistiftungen fließen den Bundestagsparteien und ihren Abgeordneten 2018 erstmals mehr als eine Milliarde Euro zu. Bei den Diäten sorgt seit vielen Jahren eine Steigerungsdynamik dafür, dass Jahr für Jahr mehr Geld in die Taschen der Parlamentarier wandert – ohne nervenaufreibende Debatten und öffentliche Aufregung. Nicht ganz so geräuschlos verliefen die Diskussionen zu den Anhebungen für Parteien und Fraktionen. Doch der in Windeseile auf die Tagesordnung gesetzte und durchgepeitschte Millionenregen war Gesetz, bevor sich größerer Protest erheben konnte.

Auch die gekonnt zur Schau gestellte Empörung der Oppositionsparteien verpuffte rasch, weil jeder wusste, dass diese keinesfalls über Nacht ihre Liebe zum deutschen Steuerzahler entdeckt hatten, sondern ausschließlich damit haderten, dass ihr finanzieller Abstand zu den Großparteien und deren Fraktionen immer größer wird. Zwar wurde inzwischen eine Normenkontrollklage angestrengt, doch dürften nur die kühnsten Optimisten davon ausgehen, dass die geschaffenen Fakten noch einmal revidiert werden. Und selbst dann würde es nicht lange dauern, bis die Trüffelsucher der Großen Koalition neue Finanzierungsquellen auf Kosten der Steuerzahler entdecken. Es ist bezeichnend für den Zustand der Demokratie, dass wir Bürger nur noch zusehen können, wie sich die Berufspolitik immer ungenierter am Gemeinwohl vergreift.

Politische Entscheidungen, die regelmäßig in kleinen Zirkeln außerhalb legitimierter Gremien fallen, allzu gerne in Brüsseler Nacht-und-Nebelaktionen, aber auch ansonsten so oft wie möglich ohne direkte Beteiligung des Bundestages, sind nur eines der vielen Symptome einer erodierenden Demokratie. Da muss es niemanden wundern, wenn längst auch der Zugriff auf die Steuerkasse nicht mehr nur zum Kauf von Wählerstimmen erfolgt. In Zeiten ausbleibender Wähler verschafft man sich das Geld durch die fortlaufende Änderung der Berechnungsgrundlage – oder eben durch die unappetitliche Erhöhung von Zuflüssen. Der Bundestag hat sich verselbständigt. Mehr denn je bestimmen die Interessen der Parteien und das Machtkalkül ihrer Fraktionen die Beschlusslage.

Entgegen ihres verfassungsmäßigen Auftrag zur Mitwirkung an der politischen Willensbildung des Volkes fühlen sich die Parteien nur noch der Durchsetzung ihrer ureigenen Interessen verpflichtet. Der treue Michel und das naive Lieschen durchschauen das unselige Treiben zwar zunehmend, trauen sich aber nicht, ihrer "Obrigkeit" entschlossen entgegenzutreten. Vor allem fürchten sie den Streit. Statt den Parteienstaat also endlich an die Kandare zu nehmen, schauen sie zu, wie er sich immer weiter abschottet und sich das für Infrastruktur und Bildung so dringend benötigte Geld milliardenweise in den Rachen wirft. Wahrscheinlich verdienen Lieschen und Michel es aber auch gar nicht anders. Wer sich nicht traut, seine demokratischen Rechte auszuüben, ist selbst schuld.

Die Armutskrieger
Afrikas Desperados stürmen Europas Grenzanlagen

Seit 25 Jahren versucht die Europäische Union mit zwei
Grenzzäunen zu verhindern, dass afrikanische Einwanderer illegal über die Südspitze Spaniens nach Europa gelangen. Einer der Zäune steht nahe der Exklave Ceuta an
der spanischen Landgrenze zu Marokko, von wo aus es
noch ungefähr 20 Kilometer übers Wasser bis zum europäischen Festland sind. Anfangs scheiterte der Versuch
der Grenzsicherung an einem viel zu kurz geratenen und
bei weitem nicht ausreichend hohen Zaun. Immer wieder
machten sich Glücksritter aus Afrika mit Erfolg auf den
Weg nach Europa. Erst seit 2005 gelingt es Spanien, die
illegale Masseneinwanderung mit einem auf sechs Meter
Höhe verdoppelten und auf mehr als 24 Kilometer Länge
ausgeweiteten Mehrfachzaun effektiver zu unterbinden.

Mit Stacheldraht gesichert und strengstens bewacht, hielt
er seither Afrikas Desperados davon ab, in Scharen illegal nach Europa einzuwandern. Nun ist die am besten
gesicherte Grenzanlage Europas gefallen. 600 junge Afrikaner haben den Zaun bei Ceuta gestürmt und sich damit Zugang zur EU verschafft. Mit selbstgebauten Flam-
menwerfern und ätzendem Brandkalk griffen sie die
überforderten Grenzposten an, die keine Waffen einsetzen durften und den zu allem entschlossenen Mob passieren lassen mussten, der sich den Kameras mit martiali-
schen Gesten als Eroberer Europas präsentierte.

Seit wenigen Wochen wird Spanien nach rund sechsein-
halb Jahren unter konservativer Führung wieder sozialis-
tisch regiert. Und das bleibt nicht ohne Folgen: In atem-
beraubender Geschwindigkeit wurde die Einwanderungs-
politik der Vorgängerregierung revidiert. Während spani-
sche Patrouillen jahrelang rund um die Uhr Schlepper-
boote abfingen und zurück nach Afrika eskortierten, erreichen inzwischen mehr Migranten die EU auf der Mit-
telmeerroute über Spanien als über Italien. Die Vorzeichen haben sich umgekehrt, denn nun sind es die Italie-
ner, die ihre Häfen konsequent vor illegaler Einwanderung schützen.

Unterdessen hat Spaniens Regierungschef Pedro Sánchez
bereits angekündigt, den Stacheldraht an den Grenzzäunen entfernen zu lassen. Dies wird Zehntausende junger
Männer motivieren, den Grenzübertritt ebenfalls in Angriff zu nehmen. Im Grunde könnte Spanien die Zaunan-
lage damit auch gleich ganz abreißen. Denn während der
durchschnittliche Mitteleuropäer Sport nur aus dem Fernsehen kennt, ist ein sechs Meter hoher Kletterzaun ohne
jede Abwehrvorrichtung für junge Afrikaner ein lächerli-
ches Hindernis. Doch nicht nur darin zeigen sich die Un-
terschiede, die viel grundsätzlicher sind: Hier die satten
Europäer, weichgespült und weinerlich, dort die kämpfe-
rischen Afrikaner, abgebrüht und abgehärtet. Im Kampf
um die üppig gefüllten Fleischtöpfe Europas stehen sich
zwei Kulturen völlig unterschiedlicher Prägung gegenüber – mit vorgezeichnetem Ausgang.

Kein Mensch kann etwas dafür, in welches wirtschaftliche oder soziale Umfeld er hineingeboren wird. Und natürlich ist es eine humanitäre Pflicht, dort zu helfen, wo die Not groß ist. Dies muss allerdings dort geschehen, wo die Ärmsten zuhause sind, weil jeder noch so solide unterfütterte Sozialstaat irgendwann an seine Grenzen stößt. Es ist in diesem Zusammenhang weder rassistisch, noch fremdenfeindlich, den seligen Peter Scholl-Latour zu zitieren, der einmal treffend feststellte, dass selbst zu Kalkutta werde, wer halb Kalkutta bei sich aufnehme. Damals ging es um die Armut im mittlerweile aufstrebenden Indien. Heute sind es vor allem die Regionen des Mittleren Ostens und Afrikas, aus denen die Armut Millionen von Menschen zu uns treibt.

Es muss jedem klar sein, dass Europa nicht in der Lage ist, Afrika auszuhalten – und das im doppelten Wortsinn. Deutschland kann dies schon gar nicht. Dazu reicht ein Blick auf die Landkarte. Wir Europäer, und vor allem wir Deutsche, müssen uns eingestehen, dass der sogenannte UN-Migrationspakt für uns unerfüllbar ist. Egal, wie viele NGOs ihre Mitarbeiter demonstrieren lassen. Egal, wie viele links-grüne Journalisten feuchte Augen bekommen. Egal, wie viele Politiker uns das Gegenteil einreden. Unser Gesellschaftssystem, unsere demokratischen Institutionen und unsere Rechtsordnung sind ein leichtes Opfer für jene, die aus Regionen stammen, in denen das Recht des Stärkeren gilt. Es steht zu befürchten, dass wir dem, was auf uns zukommt, nicht gewachsen sein werden.

Grüne Hitzewallungen
Wenn die Propaganda das Wetter zum Klima macht

Kaum erlebt Deutschland einen richtigen Sommer, melden sich die Klimahysteriker zu Wort. Sie waren kleinlaut geworden, weil ihnen die vergangenen Jahre mit normalen Wintern und unauffälligen Durchschnittstemperaturen keine ideologische Munition geliefert hatten. Doch nun laufen Göring-Eckardt & Co. zur Hochform auf. Die inoffizielle Staatssekretärin für grüne Agitation und Propaganda wendete sich per Twitter an "alle Leugner und alle, die nichts tun". Die Klimakrise sei nunmehr "wirklich sichtbar, spürbar". Dieses Wetter komme "eben nicht irgendwie zufällig oder vom Himmel".

Der Tweet, der Wetter und Klima durcheinanderwirft, ist der vorläufige Höhepunkt grüner Panikmache. Eine Lieblingslüge der Propaganda-Partei kann nun endlich wieder mit viel heißer Luft gefüllt werden. Und Lieschen Müller fällt allzu leicht auf die politische Scheinwahrheit herein, dass die Hitzewelle des Sommers ein sicherer Beleg für den menschengemachten Klimawandel sei. Da können Experten noch so viele Fakten liefern, etwa die Tatsache, dass die durchschnittliche Temperaturabweichung auf der Nordhalbkugel gegenüber der Referenzperiode 2000 bis 2017 gleich null ist. Selbst der Hinweis, dass das Klima von unzähligen Faktoren abhängt, auf die der Mensch gar keinen Einfluss hat, z.B. Meeresströmungen, Sonnenzyklen und Vulkanaktivitäten, genügt nicht.

Die Deutschen, deren sprichwörtliche "Angst" nicht ohne Grund Eingang in den englischen Sprachgebrauch gefunden hat, glauben lieber einer abgebrochenen Theologiestudentin als Fachleuten mit Professorentiteln. Und selbst bei Letzteren gibt es kein einhelliges Meinungsbild. Dass es unter den Experten zwei Lager gibt, die gegensätzliche Modelle favorisieren, veranschaulicht, wie wenig berechenbar das Klima ist. Vor allem zeigt sich daran, dass es eben nicht die eine grüne Wahrheit gibt. Wie kann es also sein, dass ganz normale Mitbürger, die einen ausreichend hohen IQ zum Geradeauslaufen und Treppensteigen haben, Rattenfängern grüner Politik auf den Leim gehen und sich von den politischen Lügen einer plumpen Klimaindustrie gängeln lassen?

Erklärbar ist dies wohl nur mit dem hohen Maß an Uninformiertheit aufgrund der schieren Überforderung in einem Alltag, der von der Berufspolitik immer weiter erschwert wird und weder Raum noch Muße für das eigene Denken lässt. Dabei ist es ein uralter Irrglaube des Menschen, den Planeten beherrschen zu können. Zu keiner Zeit ist ihm dies gelungen. Und selbst dort, wo der Eingriff in die Natur gravierend war, hat sich die Erde nach dem Rückzug des Menschen in kürzester Zeit regeneriert oder ihr Terrain zurückerobert. Millionen von Spezies leben auf unserem Planeten, von denen keine mächtig genug ist, über alle anderen zu herrschen. Doch der Mensch in seiner gnadenlosen Selbstüberschätzung glaubt allen Ernstes, die Erde "retten" zu können.

Ob Waldsterben oder Ozonloch – es wird gerne geglaubt, wir hätten es vermocht, in nicht einmal zwanzig Jahren für deren Verschwinden zu sorgen. Eine geradezu lächerliche Anmaßung. Ähnlich bizarr ist die allgemeine CO2-Hysterie. Der Anteil des Kohlendioxids in der Erdatmosphäre lässt nämlich für sich genommen keinerlei Rückschlüsse auf klimatische Veränderungen zu. Während der Eiszeiten war das Spurengas nicht etwa verschwunden, sondern in den Ozeanen gebunden. Natürlich müssen wir unsere Umwelt schonen und ihre Ressourcen gewissenhaft nutzen. Niemand will verdreckte Seen und Flüsse, verpestete Städte oder zugemüllte Parkanlagen. Sich um die Umwelt zu kümmern, ist kein ideologischer Schnickschnack, sondern eine zentrale gesellschaftliche Aufgabe.

Wer den notwendigen Umweltschutz aber so weit pervertiert, dass er Grenzwerte erfindet, um Menschen zu maßregeln und Industrien zugunsten eigener Auftraggeber zu zerstören, wer sich zum Experten aufspielt, obwohl er nie einen wissenschaftlichen oder wenigstens einen fachlich passenden Abschluss erlangt hat, wer Ängste schürt, um sich als vermeintlicher Retter zu präsentieren, der ist vom Umweltschutzgedanken so weit entfernt wie der Mond von der Erde. Konzentrieren wir uns darauf, unsere Umwelt lebenswert zu erhalten, statt dem Wahn zu verfallen, das Klima retten zu müssen. Hysterische Ideologen brauchen wir dafür nicht. Katrin Göring-Eckardt fordert übrigens "radikale Antworten". Eine Formulierung, die mehr verrät als jedes grüne Parteiprogramm.

Alles Käse(r)
Siemens als Sprachrohr der Bundesregierung

Es ist in Mode gekommen, dass sich Schauspieler, Sportler und Musiker zu Wort melden, um politische Botschaften zu verbreiten. Dabei kommt überwiegend heiße Luft und jede Menge unausgegorener Blödsinn heraus. Bemitleidenswert weltfremd und geradezu tölpelhaft naiv präsentieren sich die Stars und Sternchen, wenn sie einmal ohne Drehbuch und Trainingsplan unterwegs sind. Politisches Verständnis fällt eben nicht vom Himmel. Auch so mancher Unternehmer hat die Politikspielwiese für sich entdeckt. Dabei geht es allerdings eher um handfeste geschäftliche Interessen. In Erinnerung ist bis heute das von Daimler-Chef Zetsche vorhergesagte neue deutsche Wirtschaftswunder durch die "Flüchtlinge".

Später mussten selbst offizielle Stellen zugeben, dass viele Zuwanderer nicht einmal für einfache Hilfstätigkeiten zu gebrauchen sind. Zetsche ist nicht allein. Auch ein anderer DAX-Vorstand trommelt kräftig mit: Siemens-Chef Josef Käser, der das wirtschaftliche Wohlergehen seines Konzerns für die existenzielle Frage des Planeten hält, hat schlaflose Nächte. Der Niederbayer, der sogar seinen Namen den globalen Geschäftsinteressen geopfert hat, indem er nur noch als Joe Kaeser auftritt, wittert Rassismus und bangt um den Ruf Deutschlands. Der Mann, der Mitarbeiter auch gerne mal zu Tausenden vor die Tür setzt, spürt plötzlich seine "gesellschaftliche Verantwortung".

Schon zuvor hatte sich Käser vehement in die politische Debatte eingebracht, als er Alice Weidel in die Nähe der Nationalsozialisten rückte. Der Begriff "Kopftuchmädel" war Anlass genug für den 61-Jährigen, um der AfD-Vorsitzenden zu unterstellen, sie gefährde den Wohlstand des Landes. Mit seinem Job als Vorstandsvorsitzender offenbar nicht ganz ausgelastet, twitterte sich Käser seinerzeit nicht nur die Wut auf alle Kritiker der Merkelschen Willkommens-Arie von der Seele, sondern schwang sich mit den Hashtags #Bundestag, #Bundesregierung und #steffenseibert auch gleich zum inoffiziellen Regierungssprecher auf. Seine absurde Parteinahme für die irrlichternde Kanzlerin gipfelte in einer regelrechten Lobhudelei für Merkels "Flüchtlingsdeal" mit der Europäischen Union.

Nun hat der Siemens-Chef nachgelegt. Und wie im Fall Weidel soll ein unsäglicher Nazi-Vergleich für maximale Aufmerksamkeit sorgen. "Es haben damals beim Nationalsozialismus zu viele Menschen geschwiegen, bis es zu spät war", griff Käser ins oberste erregungspolitische Regal. Darunter macht es heute niemand mehr, der sich zum Anführer des links-grünen Meinungskartells aufschwingt. Käser diagnostiziert einen "zunehmenden Nationalismus und Rassismus", der für die Wirtschaft "verheerend" sei – und natürlich für sein Unternehmen. Allerdings bleibt der Siemens-Chef die Antwort schuldig, woran er diesen Befund festmacht. Stört er sich vielleicht daran, dass Millionen von Bürgern nicht bereit sind, den Verlust von Sicherheit und Rechtsstaatlichkeit hinzunehmen?

Vielleicht sollte er sich die Polizeiliche Kriminalstatistik einmal etwas genauer vornehmen, oder – noch besser – mal das Gespräch mit Polizei und Einsatzkräften im ganzen Land suchen. Dann wüsste er, dass Deutschlands Ruf nicht etwa von ein paar Nazi-Pöblern bedroht wird, nicht einmal von irgendwelchen Reichsbürgern mit nationalistischen Hirnblähungen, sondern von gewaltaffinen jungen Zuwanderern aus archaischen Clan-Strukturen sowie von Anhängern einer Ideologie, die Frauen und Minderheiten verachtet. Es ist die verlorengegangene Gewissheit der Stabilität, die unsere Unternehmen hierzulande und im Ausland inzwischen als Standortnachteil spüren. Es sind berstende Sozialsysteme, eine unkontrollierte illegale Einwanderung und die gefühlte Außerkraftsetzung so mancher Gesetze für bestimmte Personengruppen.

Es ist das offenkundige Messen mit zweierlei Maß, das längst auch die Gerichte ergriffen hat. Und es ist die Unberechenbarkeit einer Politik, die sich nur noch einer globalen Migrationsagenda und europäischer Gleichmacherei verpflichtet fühlt statt dem Mittelstand und jenem Teil der Bevölkerung, der täglich hart dafür arbeitet, dem Millionenheer derer ein auskömmliches Dasein zu ermöglichen, die davon leben. Käser liegt so weit daneben, dass man politische Absichten vermuten kann. Nicht zum ersten Mal macht sich ein Konzernlenker zum willfährigen Handlanger der Mächtigen. Wie sagte der Siemens-Chef doch gleich: "Es haben damals beim Nationalsozialismus zu viele Menschen geschwiegen, bis es zu spät war."

Teletubbies in Berlin
Die ARD trimmt ihre Zuschauer auf Vorschulniveau

Im öffentlich-rechtlichen Fernsehen ist der Sonntagabend
für die Politik reserviert. Nicht, dass es an allen anderen
Wochentagen wirklich anders wäre. Die Politik hat im
Grunde immer den Erstzugriff auf das Programm. Doch
am Sonntag zur Abendbrotzeit wird ihr die ganz große
Bühne aufgestellt. Dann drängt die ARD mit dem altehr-
würdigen "Bericht aus Berlin" in die Wohnzimmer, dessen Titel daran erinnert, dass hier früher mal Journalisti-
sches geboten wurde, als der Bericht noch aus Bonn kam.
Beim ZDF, das einst mit den "Bonner Perspektiven" auf-
zuwarten wusste, heißt der zwanzigminütige Werbeblock
der Politik längst ganz profan "Berlin direkt".

Die beiden Formate unterscheiden sich nur wenig. Stets
geht es darum, links-grüne Parteienvertreter hochleben zu
lassen und deren konservative Pendants in die Pfanne zu
hauen. Das immer gleiche Drehbuch sieht zudem kurze
Einspielfilme vor, in denen dem Zuschauer gesagt wird,
was er gut zu finden und welche Politik er zu unterstützen hat. Seit einiger Zeit haben die beiden Magazine das
Internet entdeckt, inklusive eigenem Facebook-Auftritt.
Der "Bericht aus Berlin" kommt allerdings gerade einmal
auf rund 25.000 Abonnenten – nicht viel für eine Sendung, bei der regelmäßig mehr als eine Million Zuschauer einschalten. Offenbar hat die vertrauensselige "Generation Tagesschau" mit dem Internet nicht viel am Hut.

Die Zielgruppe der ARD ist aber offenbar nicht nur sehr leichtgläubig, sondern auch ausgesprochen infantil. Das jedenfalls scheinen die Senderverantwortlichen zu denken. Wie sonst wäre es zu erklären, dass der "Bericht aus Berlin" auf Facebook mit einem Filmchen aufwartet, in dem der Zuschauer im Teletubby-Stil erfährt, warum Gefährder nicht abgeschoben werden? Irgendwo zwischen Waldorfschule und Kinderkanal angesiedelt, stimmt sich darin eine der Welt entrückte Moderatorin mit albernem Grinsen und gespieltem Klatschen, das an die Bespaßung von Säuglingen erinnert, auf ihren denkwürdigen Auftritt ein. Sie hat selbstgeschriebene Stichworttäfelchen dabei, weil sie die Zuschauer offenbar für zu doof hält, den einminütigen Beitrag ohne optische Hilfen zu begreifen.

Es ist weniger der Inhalt des Vortrags, der den Betrachter fassungslos zurücklässt, als vielmehr die Form der Darbietung. Was geht in den Köpfen von Programmmachern vor, die glauben, ihr Publikum nur noch als Kinderprogramm zu erreichen? Schließt man da von sich selbst auf andere? Und was hat es mit der zunehmenden Unsitte auf sich, die wichtigsten Stichworte in Erklärstücken immer auch noch einmal geschrieben mitzuliefern? Ist die Sorge so groß, der Unterricht könnte seine Wirkung verfehlen? Ganz nebenbei und wohl eher nicht beabsichtigt, kommt der Zuschauer übrigens zu einer Erkenntnis: Abschiebungen sind hierzulande im Grunde gar nicht vorgesehen – bei Gefährdern passiert das sowieso nicht und bei Straftätern nur ab und zu.

Doch zurück zum Teletubby-Auftritt. Warum akzeptieren wir ohne mit der Wimper zu zucken, dass eine bestimmte Berufsgruppe uns beharrlich das Gefühl vermitteln will, wir seien Idioten? Nur, weil jemand als Journalist beim Staatsfunk arbeitet, hat er noch lange nicht das Recht, uns wie unmündige Kleinkinder zu behandeln. Würden Sie an der Supermarktkasse so mit sich umspringen lassen? Oder beim Friseur? Oder gar an der Rezeption Ihres Urlaubshotels, wo man Ihnen klarmachte, dass man Sie lediglich für ein zahlendes Dummerle hält? Natürlich nicht. Aus irgendeinem Grund gestehen Deutschlands Bürger ihren Staatsbediensteten eine Unverfrorenheit und Selbstherrlichkeit zu, die sie bei niemandem sonst dulden.

Tun Sie dies nicht länger! Unverschämtes und herablassendes Verhalten sollten sie von ihren Angestellten nicht akzeptieren. Genau das sind nämlich Berufspolitiker und öffentlich-rechtliche Fernsehmacher. Wählen Sie die Unverschämtheit konsequent ab – bei jeder Wahl. Schalten Sie um, wenn der öffentlich-rechtliche Zeigefinger Sie wieder einmal gängeln will. Verschaffen Sie sich in Leserbriefen an die Redaktionen und in Protestschreiben an die Abgeordneten Gehör, wenn sich selbstgerechte Medien- oder Politikvertreter über Sie erheben wollen. Machen Sie sich aber vor allem klar, dass die meisten dieser Sonderlinge Ihnen vermutlich das Wasser nicht reichen können und außerhalb ihrer Staatsblase scheitern würden. Sie wären sonst nicht dort, wo sie sind. Vielleicht macht dieser Gedanke das Ganze ein wenig erträglicher.

Schwindelerregende Staatspropaganda
Der SPIEGEL im Stil des SED-Politbüros

Lange vorbei ist die Zeit, als der SPIEGEL seine Aufgabe darin sah, den Mächtigen auf die Finger zu klopfen. Heute versteht man sich eher als Gehilfe der Mächtigen, um dem Volk heimzuleuchten, wenn es mal wieder vom linken Weg abzukommen droht. Und längst passiert dies nicht mehr nur in gedruckter Form, sondern vor allem im Netz. Mit mehr als 20 Millionen Nutzern pro Monat gehört SPIEGEL Online zu den reichweitenstärksten Nachrichtenplattformen Deutschlands. Diese Marktmacht will wohl genutzt sein. Und so gründete das Hamburger Unternehmen im Herbst 2015 Bento.

Noch ideologischer und einseitiger ausgerichtet, soll der Ableger die junge Zielgruppe einfangen, die für linkspopulistische Halbwahrheiten bekanntlich besonders empfänglich ist. Zwar unterscheidet Bento im Onlineauftritt zwischen den Kategorien "Meinung" und "News", dem Leser erschließt sich der Unterschied aber nicht so recht. Ein Problem, das man auch vom SPIEGEL kennt. Doch während es bei der gedruckten Ausgabe in Ordnung ist, dass Meinung und Meldung verschmelzen, weil der Käufer an Format und Erscheinungsweise eines Wochenmagazins erkennt, dass er eben keine Tageszeitung erwirbt, konkurriert die Online-Ausgabe des SPIEGEL direkt mit den täglichen Gazetten, bei denen der Leser voraussetzt, dass Nachrichten unkommentiert übermittelt werden.

Einmal mehr wartet SPIEGEL Online dieser Tage mit einer Meldung auf, in der dem Leser bereits in der Überschrift mitgeteilt wird, wie er das Ganze zu bewerten hat. "Erfolgreiche Integration" jubelt das Magazin mit Blick darauf, dass 300.000 der mehr als 1,5 Millionen seit 2015 nach Deutschland geströmten Asylzuwanderer nunmehr einer Beschäftigung nachgehen."Immer mehr Flüchtlinge finden Arbeit", steigert sich die Online-Redaktion in einen Rausch. Sie begründet ihre Begeisterung damit, dass sich die Zahl der erwerbstätigen Zuwanderer innerhalb eines Jahres um mehr als 100.000 erhöht habe, was zwar ganz gut klingt, aber nichts daran ändert, dass die Gruppe der nicht erwerbstätigen Migranten angesichts der hohen Zuwanderungszahlen stärker gewachsen ist.

Bei genauerer Betrachtung entpuppt sich die Erfolgsmeldung als ziemliche Mogelpackung. Denn ganze 15% (gut 237.500) der seit 2015 zugewanderten Migranten im besten Erwerbstätigenalter hatten im Mai 2018 einen sozialversicherungspflichtigen Job. Darunter sind viele, deren Beschäftigung nur mit staatlicher Hilfe – also auf Steuerzahlerkosten – möglich ist. Auf die vom SPIEGEL vermeldeten mehr als 300.000 Personen kommt man überhaupt nur, wenn man jeden mitzählt, der sich irgendwie mit irgendetwas beschäftigt statt bloß herumzusitzen. Die Entwicklung kann nur als enttäuschend bezeichnet werden. Und auch der Blick auf die Abbrecherquote bei den Auszubildenden verheißt nichts Gutes. Viele der jungen Zuwanderer halten nur wenige Wochen durch.

Neben sprachlichen Barrieren scheinen auch mangelnde Motivation und fehlende Belastbarkeit eine Rolle zu spielen. Beim SPIEGEL ist man dennoch begeistert darüber, dass inzwischen sage und schreibe 28.000 Asylzuwanderer eine Lehre begonnen haben. Hält man sich die siebenstellige Zahl junger Männer vor Augen, die seit 2015 eingewandert sind, kann man kaum glauben, dass sich die Redaktion traut, das mickrige Häufchen überhaupt zu beziffern. Es ist bezeichnend für den SPIEGEL und ebenso sinnbildlich für die Medienberichterstattung, dass unkritisch berichtet wird, wenn es um das Thema Zuwanderung geht. Daran hat man sich fast schon gewöhnt.

Dass aber nun auch noch Erfolgsmeldungen in Politbüro-Manier verbreitet werden, stößt nicht nur jenen Bürgern sauer auf, die dies jahrzehntelang in der DDR ertragen mussten. Vor allem deshalb regt sich im Osten Deutschlands der Widerspruch am lautesten. Niemand wünscht sich die Honeckers, von Schnitzlers und Mielkes zurück. Auch die "Aktuelle Kamera" nicht, mag sie inzwischen auch noch so unverdächtig als "heute-journal" daherkommen. Wer eine nicht funktionierende Integration, deren Scheitern jeder mit eigenen Augen sehen kann, zum Erfolgsmodell umdichtet, muss sich nicht wundern, wenn die Bürger den Respekt vor Medien und Politik verlieren. Der SPIEGEL verweist auf 20 Millionen Nutzer. Herauszufinden, wie viele von ihnen die Internetseite nur aufrufen, um immer neue Negativbeispiele zu dokumentieren, wäre eine interessante Aufgabe für eine Abschlussarbeit.

Spiel mit dem Feuer
Die gefährliche Hexenjagd von Politik und Medien

Die Ereignisse in Chemnitz haben tiefe Spuren hinterlassen, die Folgen sind noch lange nicht absehbar. Seit dem Tod eines 35-jährigen Familienvaters ist nichts mehr, wie es war. Doch statt zu beruhigen und zu versöhnen, ist es ausgerechnet die Bundesregierung, die fortlaufend Öl ins Feuer gießt und den eskalierenden Konflikt immer weiter anheizt. Von der Kanzlerin über den Regierungssprecher bis hin zu den Ministern war keine einzige Wortmeldung dazu geeignet, die Lage zu entspannen. Ganz im Gegenteil. Derweil toben sich Deutschlands Journalisten in ihrem religionsgleich geführten "Kampf gegen rechts" aus, der längst ein Kampf gegen die Mitte der Gesellschaft ist.

Gestützt auf die bereits widerlegte Behauptung eines einzelnen Journalisten, verurteilten Medien und Politik die angebliche Hetzjagd auf Migranten, ohne zu prüfen, ob es diese denn überhaupt gegeben hatte. Tausende untadelige Demonstranten wurden in Sippenhaft für anwesende Extremisten genommen – wogegen sich Politik und Medien bei linken Kundgebungen aufs Schärfste verwahren. Zwar wurden in den Tagen danach Internetmeldungen retuschiert, das böse "H-Wort" aus den Headlines entfernt und aufhetzende Äußerungen relativiert, doch hatte die Falschmeldung beim Publikum längst verfangen. Unterdessen erdreistet sich der SPIEGEL einmal mehr, Sachsen als neue Brut des Nationalsozialismus auszumachen.

Es sind die immer gleichen Rituale der Linken, denen der "Nazi"-Begriff so leicht über die Lippen geht, dass es eine Schande ist. Alles, was sich nicht mit ihrer Weltanschauung deckt, setzen sie mit dem Nationalsozialismus gleich. Und da sich die politische Achse in Deutschland in den vergangenen Jahren verschoben hat wie wohl nie zuvor seit dem II. Weltkrieg, fängt rechts heute schon dort an, wo Fleiß und Redlichkeit gefordert werden. Wer gegen die Abschaffung staatlicher Grenzen ist, wer verlangt, dass der Rechtsstaat für alle gleich gilt, wer fordert, dass Hilfe nur soweit geleistet wird wie wirkliche Not herrscht, der steht heute bereits tief im rechten Lager. So soll jeder Widerspruch gegen den grün eingefärbten Neo-Sozialismus im Keim erstickt werden.

Der Osten Deutschlands, in dem viele Menschen mindestens eines, manche gar zwei sozialistische Unrechtssysteme erlebt haben, hat sich, anders als der Westen, eine Protestkultur bewahrt, in der Rechtsbeugungen durch die Regierenden nicht einfach hingenommen werden. Wer jedoch wagt, sich zu empören, ist für die Linken schlicht ein "Nazi". Dabei bagatellisiert die gedankenlose Gleichsetzung von Protestlern mit den Schergen eines Massenvernichtungsregimes in unerträglicher Weise das enorme Leid, das die nationalen Sozialisten über Europa und die Welt gebracht haben. Jene, die sich an den 100 Millionen Toten im Namen des Kommunismus nicht recht stören wollen, scheinen eben auch nicht viel übrig zu haben für die sechs Millionen Opfer des Holocaust.

Immer mehr Politiker stimmen in den Kanon ein, der von den journalistischen Gehilfen mit großem Eifer gesungen wird. Vor allem auf den ungeliebten neuen Mitbewerber hat man es abgesehen, der sich anschickt, nicht mehr nur im Bundestag, sondern in sämtlichen Landtagen dafür zu sorgen, dass für die eigenen Parteikaderzöglinge weniger Mandate und Pöstchen zu erhaschen sind. Offenbar wittern die etablierten Parteien Morgenluft und scheinen die Ereignisse von Chemnitz dafür nutzen zu wollen, verlorenes Terrain zurückzuerobern. Dabei unterschlagen sie, dass die tatsächliche Gewalt mit mehreren verletzten Polizisten von links ausging, und rufen zum Widerstand gegen jene auf, die, im Gegensatz zu den "Selfie-Touristen" der SPD, mit einem von Linken verhinderten Schweigemarsch tatsächlich der Opfer gedenken wollten.

Statt Solidarität und Mitgefühl für die durch zwei Asylbewerber zu Schaden gekommenen Menschen und deren Familien zu zeigen, fällt der polit-medialen Zunft nichts Besseres ein, als erbittert jeden zu bekämpfen, der Protest gegen die Bundesregierung erhebt. Wir erleben Politiker, die zu Hass und Hetze anstacheln, während sie linke Extremisten hofieren, und Journalisten, die einen Krieg gegen Millionen von Mitbürgern führen, von dem sie ernsthaft glauben, sie könnten ihn gewinnen. Das kann nicht gut ausgehen. Am Ende werden die, die den Flächenbrand entfacht haben, ihre Hände in Unschuld waschen und mit dem Finger auf andere zeigen. Denn im Verdrehen von Ursache und Wirkung sind sie bestens geübt.

Das Ablenkungsmanöver
Wenn Gewalt durch Migranten kein Thema sein darf

Seit Tagen wird in Deutschland über ein Video diskutiert. Es dauert nur wenige Sekunden und zeigt eine Auseinandersetzung, um die kein Aufhebens gemacht würde, wäre der Ort der Handlung nicht Chemnitz und der Angegriffene nicht ein Zuwanderer. Zu sehen ist, wie sich zwei junge Migranten vor einer Männergruppe aufbauen. Nach einem kurzen Wortgefecht rennt einer aus der Gruppe auf sie los und die beiden Migranten davon. Möglicherweise fängt sich einer von ihnen einen Tritt in den Hintern ein, schon das ist nicht mehr klar zu erkennen. Sonst gibt es nichts zu sehen. Der polit-mediale Zirkus hyperventiliert seit Bekanntwerden des Handymitschnitts.

"Hetzjagden" auf Migranten habe es gegeben, "Zusammenrottungen" glaubt unsere Kanzlerin erkannt zu haben, immer schön im Plural, um den Eindruck eines rechtsextremen Flächenbrandes zu erwecken, der im Osten wütet und nur mit größter gesellschaftlicher Anstrengung eingedämmt werden kann. Zum Pogrom-Vergleich versteigt sich gar mancher, um sicherzustellen, dass sich das Bild fackeltragender Nazis in den Köpfen festsetzt. Die polit-medialen Hetzer sind außer Rand und Band. Nun hat sich nach dem sächsischen Ministerpräsidenten und dem Generalstaatsanwalt auch der Präsident des Bundesverfassungsschutzes gegen die Hetzjagden-Legende verwahrt. Damit ist Hans-Georg Maaßen zur Zielscheibe geworden.

Maaßen hatte überdies die Authentizität des Handyvideos infrage gestellt, was mehrere Deutungen zulässt. Eine ist, dass er die Echtheit angezweifelt haben könnte, weshalb sämtliche Redaktionen tagelang darum wetteiferten etwas zu beweisen, was gar nicht zur Debatte stand. Viel wichtiger ist die Frage, von wem die Aufnahme stammt und wie sie ins Internet gekommen ist. Klar ist nur: Mit dem vermuteten Tritt hätte jemand eine Körperverletzung begangen. Ob es davor zu Beleidigungen gekommen ist, ob weitere Tatumstände zu beleuchten wären, ob die beiden gezeigten Migranten ihrerseits Straftaten gegen Mitglieder der Gruppe begangenen haben – all das muss nun die polizeiliche Ermittlungsarbeit klären.

Dem Mob aus Journalisten und Berufspolitikern ist das egal. Maaßen muss weg – und seine Behörde am besten gleich auch. So jedenfalls wollen es die Grünen. Sie hoffen die Gunst der Stunde nutzen zu können, um das Bundesamt für Verfassungsschutz zu einem modernen Ministerium für Staatssicherheit umzugestalten. Ihnen war die fehlende Linkslastigkeit des Inlandsgeheimdienstes, der vermutlich letzten rechtsstaatlichen Bastion, die sie auf ihrem Marsch durch die Institutionen bislang vergeblich einzunehmen versucht hatten, schon immer ein Dorn im Auge. Auf einen Verbleib im Amt kann Maaßen trotz der Rückendeckung durch Innenminister Horst Seehofer daher kaum hoffen. Anders als Millionen von Bürgern, die man seitens Politik und Medien zwar beschimpfen, aber nicht entlassen kann, wird er bald gehen müssen.

Politik und Medien führen eine verlogene Debatte. Es hat in Chemnitz Straftaten gegeben, auch solche, zu denen Hitlergrüße zählen. Sich aber ausschließlich damit zu beschäftigen und zu ignorieren, dass erneut ein Asylbewerber gemordet hat, ist infam. Es ist bemerkenswert, wenn Maaßen über die Hetzjagd-Kampagne sagt, er sehe "gute Gründe dafür, dass es sich um eine gezielte Falschinformation handelt, um möglicherweise die Öffentlichkeit von dem Mord in Chemnitz abzulenken". Und wenn wir gerade dabei sind – kommt es nicht vielleicht einer Hetzjagd näher, wenn zehn hochaggressive Asylbewerber arabischer und afrikanischer Herkunft durch Villingen ziehen und arglose Passanten zusammenschlagen, wie gerade geschehen? Oder verbietet sich der Begriff für einen prügelnden Mob nichtdeutscher Herkunft?

Dazu gab es jedenfalls keine Stellungnahme der Kanzlerin. Und auch keine öffentlich-rechtliche Sonderberichterstattung. Die gibt es zuverlässig nur, wenn als Geschädigter ein Asylsuchender vermutet wird. Was bleibt, ist die Erkenntnis, dass es in Chemnitz keine Hetzjagden gegeben hat. Nicht einmal dann, wenn man den Begriff so sinnfremd auslegt wie die links-grünen Nazi-Jäger. Doch wie soll wieder Vernunft einkehren? Von der Politik ist nichts zu erwarten. Von den Journalisten sowieso nicht, zumal die in die Medien strebende "Generation Schneeflocke" noch weiter links steht als die Alt-"68er". Ich sorge mich um unser Land – am wenigsten aber wegen angeblicher Hetzjagden irgendwelcher Rechter.

Die Hetzer
Eine Debatte zeigt, auf welcher Seite der Hass regiert

Selten hat es sich derart gelohnt, einer Bundestagsdebatte zu folgen. Während der interessierte, aber in politischen Detailfragen recht schnell gelangweilte Zuschauer in der Vergangenheit bloß inszeniert wirkende Uneinigkeit demonstriert bekam, wenn sich Redner von Regierung und Opposition im Bundestag duellierten, war in der jüngsten Generaldebatte richtig Feuer unterm Dach. Anders, als in den zurückliegenden Legislaturperioden, gibt es nämlich mittlerweile eine tatsächliche Opposition. Im Bundestag prallen endlich wieder unterschiedliche politische Positionen aufeinander.

Man kann das begrüßen, weil es die Debatte belebt, oder bedauern, weil es die Harmonie stört. In Deutschland tendiert die Mehrheit leider zu Letzterem, weil Lieschen und Michel Streit nun einmal nicht mögen. Interessanterweise sind es die Reaktionen auf die im Tonfall durchaus angemessen vorgetragenen Redebeiträge der größten Oppositionsfraktion, die den Geräuschpegel im Parlament anschwellen lassen. Die Antworten arten nicht selten in wildes Geschrei aus. Da wird beschimpft, gehetzt, diffamiert und beleidigt, in dem irrwitzigen Selbstverständnis, die Regeln des Anstands und des Respekts nicht befolgen zu müssen, weil man sich ja mit "den Rechten" auseinandersetzt. Der Umgang mit dem ungeliebten politischen Gegner ist eines Bundestags unwürdig.

Vor allem das links-grüne Lager hat regelmäßig Schaum vorm Mund. Die wutverzerrten Gesichter und hasserfüllten Tiraden machen einem Angst. Ein deutsches Sprichwort sagt: "Wer schreit, hat Unrecht." Anschauungsunterricht hierfür bot die Generaldebatte zum Haushalt. Da trat mit Alexander Gauland ein Politprofi ans Pult, der weiß, wie man den politischen Gegner aus der Reserve lockt. Ruhig im Ton und klar in der Sprache, nutzte der Oppositionsführer die Gelegenheit zu einer Generalabrechnung mit der Willkommenskanzlerin. Angesichts der Lethargie der Ära Merkel mag in Vergessenheit geraten sein, dass eine Opposition genau das zu leisten hat.

Mehr als zwölf Minuten lang prangerte Gauland Merkels Migrationspolitik und die polit-mediale Hetze gegen weite Teile der ostdeutschen Bevölkerung an. Da saß jedes Wort und an Zuspitzungen fehlte es nicht. Ganz unabhängig von der Frage der inhaltlichen Übereinstimmung war dies eine packende Rede. Natürlich wird man einwerfen können, es habe eigentlich der kommende Bundeshaushalt zur Debatte gestanden und nicht die Flüchtlingspolitik. Wie soll man angesichts milliardenschwerer Zusatzbelastungen für die Bürger dieses Landes das eine jedoch vom anderen trennen? Wie hätte man zur Tagesordnung übergehen können, nachdem die Kanzlerin als Unterstützerin einer beispiellosen "Fake News"-Kampagne gerade hatte von zwei Toten ablenken wollen, indem sie empörte Bürger zu dumpfen Mitläufern rechtsradikaler Hohlköpfe erklärte? Gauland konnte dies nicht.

Vor allem aus den Reihen der SPD schlug ihm während der Rede blanker Hass entgegen. Und wo die Argumente fehlen, da wird eben geschrien. Oder einfach plump beleidigt. Während Martin Schulz, dessen Verbitterung sich noch mit einem beispiellosen politischen Abstieg in den zurückliegenden zwölf Monaten erklären ließe, lauthals pöbelte und Gauland "auf dem Misthaufen der Geschichte" entsorgen wollte, verunglimpfte Johannes Kahrs, statt beseelt zu sein von der bevorstehenden Hochzeit mit seinem langjährigen Lebensgefährten, die Abgeordneten der AfD-Fraktion als Rechtsradikale. "Hass macht hässlich", rief er ihnen zu, ohne zu bemerken, wie viel Hass aus ihm selbst sprach.

Es ist diese mangelnde Debattenkultur, die dazu geführt hat, dass der Respekt vor der Politik verloren gegangen ist. So wenig die Wähler den lauten Streit schätzen, verlangen sie doch den offenen Meinungsaustausch und die ehrliche Diskussion. Vor allem mögen sie keine unsachlichen persönlichen Angriffe. Die AfD muss man nicht gut finden. Genauso wenig, wie irgendeine andere Partei. Sie stellt aber Fragen, die Millionen von Menschen bewegen, und spricht Themen an, die andere Parteien lieber meiden. Wer dem nichts Klügeres entgegenzusetzen hat als die Nazi-Keule, will keinen Pluralismus. Da kann er noch so oft von Vielfalt und Toleranz faseln. Im Bundestag ist viel von Hass die Rede, seit die AfD mitmischt. Nun hat sich einmal mehr gezeigt, auf welcher Seite der Hass tatsächlich regiert.

Plumpe Propaganda
Medien und Künstler kämpfen gegen die Demokratie

Die Politik der vergangenen Jahre hat tiefe Gräben aufgerissen. Diese drohen weite Teile der bürgerlichen Mitte zu verschlucken. Beinahe unversöhnlich stehen sich die politischen Lager in Deutschland gegenüber. Zu geben scheint es nur noch Linke, die sich auf die Unterstützung der unzureichend informierten Masse verlassen können, und Rechte, zu denen man fälschlicherweise jeden zählt, der konservative Ansichten vertritt. Wähler der etablierten Parteien prallen auf Anhänger der AfD, "Asylromantiker" auf "Zuwanderungsgegner", wobei das Etikett jeweils von der Gegenseite angeheftet wird.

Ein einziges Thema überlagert alles, und es wird immer schwieriger, das gespaltene Land wieder zu einen. Daran scheinen die politisch Verantwortlichen allerdings auch kaum Interesse zu haben. Stattdessen führen sie uns immer dreister vor Augen, dass sie gar nicht daran denken, sich den Problemen des Landes zu widmen. Regiert wird schon lange nicht mehr. Politische Entscheidungen fallen im Sinne übergeordneter Ziele, die – konsequent zu Ende gedacht – eine Regierung entbehrlich machen. Wesentliche Weichenstellungen werden dabei nicht mehr am Kabinettstisch in Berlin vorgenommen, sondern beim IWF, bei der UN oder in Brüsseler Hinterzimmern. Wer dies kritisiert und auf das demokratische Selbstbestimmungsrecht der Völker verweist, gilt als ewig Gestriger.

Die Ächtung durch die polit-mediale Kaste hält vor allem den diktaturgeschundenen allerdings Osten nicht davon ab, seine Stimme zu erheben. Doch je lauter die Kritiker werden, desto entschlossener werfen sich die Redaktionen schützend vor ihre Ikonen. Eine von ihnen, Angela Merkel, dekorieren sie wie zum Trotz mit einem Medienpreis. Seit den Todesfällen von Chemnitz und Köthen mit den politischen Turbulenzen um den Verfassungsschutzpräsidenten schwant aber selbst dem deutschen Michel, dass etwas faul ist in diesem Land. Immer größer werden die Zweifel am politischen Führungspersonal, so dass die Meinungsmacher sich genötigt fühlen, sämtliche Register zu ziehen.

Erfüllten anfangs hundertfach gefundene Geldbörsen und regelmäßige Phantastereien über weltmeisterliche Integrationsleistungen der Zuwanderer ihren Zweck, werden wir nunmehr mit lustvoll zelebrierten Studien beglückt, die zwar so unwissenschaftlich sind wie das "Astro TV"-Horoskop, beim breiten Publikum aber dennoch verfangen. Die Jubelarien über das inzwischen als Propagandastück enttarnte "Integrationsbarometer" waren kaum verstummt, da wartete die WELT AM SONNTAG mit dem nächsten Bubenstück auf: "Die Deutschen sind stolz auf ihre Politiker", frohlockte die Redaktion, und garnierte die Meldung über die selbst in Auftrag gegebene Studie mit dem schönsten Bild der Kanzlerin, das sich im Archiv finden ließ. Da wollte keine Redaktion nachstehen: Alle Leitmedien übernahmen den Hosianna-Ruf.

Jeder schien den anderen in der Lobpreisung der Heiliggesprochenen übertreffen zu wollen. Dabei ist die Meldung über die monatealte Studie eine Farce. Im Stil der früheren Politbüro-Propaganda wurde nämlich ein vernichtend geringer Wert in einen grandiosen Erfolg umgedichtet. Danach gefragt, auf welche Deutschen aus Politik, Wirtschaft, Wissenschaft, Sport und Kultur man besonders stolz sein könne, war Merkel zwar die Meistgenannte, dies kann aber keinen überraschen: Die Kanzlerin ist omnipräsent und wird medial gefeiert wie kein zweiter aktueller Politiker. Es ist eher beschämend, dass gerade einmal 16% der telefonisch Befragten sie favorisierten – das weiß jeder, der sich mit Werbung beschäftigt. Die Umfrage fand zudem Ende Juli statt – deutlich bevor die Kanzlerin vom Verfassungsschutzpräsidenten der Lüge überführt wurde. Ein besonderer Stolz auf Politiker lässt sich schon gar nicht ableiten.

Der Vorgang erinnert an die Pressearbeit, mit der vier Jahrzehnte lang das Regime des letzten deutschen Unrechtsstaats am Leben erhalten worden war. Und ähnlich wie im III. Reich und in der ehemaligen DDR, treten nun auch die "Kulturschaffenden" auf den Plan. In einer öffentlichen Erklärung wenden sie sich gegen Innenminister Horst Seehofer, weil dieser einen untadeligen Spitzenbeamten gegen politische Angriffe verteidigt hatte. Wenn Medien die Wahrheit immer schamloser verbiegen und sich Künstler vor den politischen Karren spannen lassen, hat das Endspiel um die Demokratie begonnen.

Abschied auf Raten
Der Springer-Konzern bereitet das Ende Merkels vor

Seit der letzten Bundestagswahl dümpelt Angela Merkel als "lahme Ente" herum. Nicht viel hat sie seither zuwege gebracht. Den versemmelten "Jamaika"-Verhandlungen folgte nach einigem Hin und Her die Flucht in die Arme der SPD, die ihr noch wenige Wochen zuvor richtig was "auf die Fresse" geben wollte. Dazwischen trug Merkel eine herbe Schlappe davon, als sie ihre Vertraute Annette Schavan nicht auf den Chefsessel der Konrad-Adenauer-Stiftung zu bugsieren vermochte. Und auch danach agierte sie glücklos: Ob beim Staatsbesuch in Amerika, im Ringen mit Frankreichs Präsident Macron oder in Brüsseler Verhandlungsrunden, in denen ihre Kontrahenten sie überdeutlich spüren ließen, dass ihre außenpolitische Zeit abgelaufen ist.

Niemand nimmt Angela Merkel mehr ernst, in Europa so wenig wie hierzulande. Nur mit der Hilfe ihrer öffentlich-rechtlichen Claqueure konnte sie sich überhaupt über den Sommer retten, um nach dem Maaßen-Desaster den wohl schwersten Nackenschlag ihrer vierten Amtszeit einzustecken: Ihr getreuer Aktentaschenträger Volker Kauder wurde von der eigenen Fraktion kaltgestellt. Und so sehr sich Regierungssprecher Seibert sowie all die anderen Adjutanten und bezahlten Hofberichterstatter Mühe geben, einen anderen Eindruck zu erwecken, spürt jeder, dass Kauders Abgang Merkels Ende eingeläutet hat.

Als bedürfe es dazu noch einer Bestätigung, hat offenbar der Springer-Konzern beschlossen, die schützende Hand über der Kanzlerin wegzuziehen. Das Ende ist damit eingeläutet. Merkel wollte den Moment ihres Abgangs immer selbst bestimmen. Doch diesen Punkt hat sie längst verpasst. Ein würdevoller Abschied ist schon lange nicht mehr möglich. Immer noch klammert sie sich an ihr Amt, obwohl alle sehen können, dass sie mit ihrer Koalition nicht mehr regierungsfähig ist. Eisern spielt sie weiter die Rolle der Kanzlerin, wie ein entlassener Büroangestellter, der sich jeden Morgen dennoch in den Anzug wirft und pünktlich aus dem Haus geht, um seiner Familie vorzugaukeln, alles wäre in bester Ordnung, während er tagsüber ziellos umherirrt.

Adrett im Hosenanzug, irrt Merkel durch die Politik. Ihren Stuhl räumt sie nicht, teils aus Starrsinn, teils, weil kein anderer Posten frei ist, auf den sie sich retten könnte. Doch ihre Getreuen murren. Sie wollen nicht mehr die Kulissenschieber einer Machtversessenen sein, die nur noch zum Schein ihre Hosenanzüge durchs Kanzleramt tragen darf. Vor allem der mächtige Medienkonzern ihrer Freundin Friede Springer, in dessen Stiftungskuratorium einst Merkels Gatte installiert worden war, zieht offenbar die Reißleine. Seit dem BAMF-Skandal setzt es regelmäßig Prügel. Zwar darf die WELT immer mal wieder mit den Wölfen heulen, wie zuletzt beim Propagandastück zum Stolz der Deutschen auf ihre Politiker, doch gibt die ungleich auflagenstärkere BILD die Richtung vor.

Im Kielwasser des Springer-Konzerns trauen sich auch die ersten Journalistenkollegen, schärfere Töne anzustimmen. Recht zaghaft zwar, weil niemand vorherzusagen wagt, ob mit dem Abgang der Kanzlerin auch das "System Merkel" hinweggefegt werden wird, und man es sich mit keinem Merkelisten verderben möchte, der künftig das Kanzleramt besetzen könnte. Doch der Herdentrieb hat eingesetzt. Einer, der stramm an der Seite der Kanzlerin steht, macht hingegen mobil: Michael Spreng nutzte einen Talkshow-Auftritt zu einem Rundumschlag gegen seinen früheren Arbeitgeber, mit dem der Ex-Chef der BILD AM SONNTAG seit seinem Rausschmiss offenbar noch eine saftige Rechnung offen hat.

Mehr als zwei Jahrzehnte war der Hesse bei Springer beschäftigt, bevor er die lukrative Politikberatung für sich entdeckte und 2002 Edmund Stoibers legendär gescheiterte Kanzlerkandidatur verantwortete. "Ziemlich furchterregend" sei die Berichterstattung mit dem von ihm unterstellten "Anti-Merkel-Kurs". BILD mache die Institutionen und Repräsentanten des Staates verächtlich und treibe das Land weiter nach rechts, glaubt Spreng festzustellen. Er wittert gar einen "Feldzug gegen Merkel" und sieht "eine Gruppe von Kriegern" am Werk, die sich zur "Vorfeldorganisation der AfD" machten. Fast scheint es, als stehe der 70-Jährige inzwischen bei der Kanzlerin in Brot und Arbeit. Er wird sie jedoch nicht retten können. Das hat schon bei Edmund Stoiber nicht geklappt. Und dessen Mission war um einiges leichter.

Annegret ante Portas
Warum Merkels Abgang keine Wende bringen wird

Immer mehr Medien stimmen in den Abgesang auf Angela Merkel ein. Annegret Kramp-Karrenbauer ("AKK") ist auserkoren, es künftig zu richten. Sollte die Landtagswahl in Bayern für die Union in die Hose gehen, könnte schon der CDU-Parteitag im Dezember zu Merkels "D-Day" als Vorsitzende werden. Freilich nicht als Abgang mit Schimpf und Schande, sondern mit jeder Menge warmer Worte für die Hinauskomplimentierte, wobei stehende Ovationen von weniger als fünfzehn Minuten Dauer als bittere Enttäuschung gewertet würden. Vielleicht wird ein Klatschkanon einstudiert, um ermüdenden Händen eine kurze Pause zu gönnen. Man kann den Delegierten jedenfalls nur empfehlen, eine medizinische Handcreme in den Koffer zu packen. Am besten auch Blasensalbe.

Doch wer ist diese unscheinbare Frau mit der Kurzhaarfrisur und der Designerbrille, die irgendwann auch Kanzlerin werden soll? Offenbar vor allem eines: Merkels politische Miniaturausgabe, die optisch alles daranzusetzen versucht, nicht so zu wirken. Sie mag ein wenig konservativer sein und die Bürger dieses Landes nicht für unmündige Kinder halten, denen man in einfacher Sprache beizubringen hat, was richtig für sie ist. Doch sie sieht in ihrer Parteivorsitzenden eine "Visionärin" – das letzte aller denkbaren Attribute, das dem durchschnittlich politisch Interessierten zu Angela Merkel einfallen würde.

Ein Griff nach der Kanzlerschaft ist demnach bis auf weiteres nicht zu erwarten, wenngleich die frühere Ministerpräsidentin des Saarlands vielsagend betont, dass Merkel "bei der vierten Kandidatur schon sehr lange überlegt hat, ob sie es noch einmal machen soll". Eine überstürzte Abdankung der "Mutter aller Migranten" will sowieso keiner aus dem bunten Regenbogen, der sich von der CDU bis zur Linkspartei spannt. Denn Merkel hat nur zwei Tage nach dem Parteitag noch einen Job zu erledigen. Einen, dem sie seit Jahren alles untergeordnet hat, sogar ihren Amtseid. Am 11. Dezember wird sie in Marrakesch dem Migrationspakt der Vereinten Nationen zustimmen. Die Steigbügelhalter der Großen Koalition haben keinerlei Interesse daran, die Garantin der grenzenlosen Weltbürgerschaft mit allumfassender deutscher Staatsalimentierung vor ihrer historischen Absage an den funktionierenden Nationalstaat zum Teufel zu jagen.

Zwar ist der sogenannte Global Compact for Migration völkerrechtlich nicht bindend und wird von einigen Staaten auch gar nicht erst mitgetragen, allen voran Trumps USA, doch dürfte selbst dem naivsten Zeitgenossen klar sein, dass all das, was dort niedergelegt ist, im ohnehin für seine vorauseilende Planübererfüllung weltberühmten Deutschland in Zukunft als politische Rechtfertigung für eine noch wahnsinnigere Migrationspolitik dienen wird. Armutseinwanderung wird dann nicht mehr nur begleitet, sondern offiziell gefördert werden. Wie ein Magnet wird dies Millionen weiterer Wirtschaftsmigranten anziehen.

Dem hätte auch "AKK" nichts entgegenzusetzen, selbst
wenn sie es wollte, was ihr niemand unterstellt. Denn die
Regierungspolitik wird längst woanders gemacht: In globalen Organisationen, die einst ihre Berechtigung als völ-
kerverbindende Zusammenschlüsse hatten, sich aber inzwischen zu einer Art Weltregierung aufspielen und mit
der Umsetzung ihrer politischen Vorgaben private Nichtregierungsorganisationen betrauen, die sich jeder demokratischen Legitimation entziehen. Als wolle er dies bestätigen, hat Ralph Brinkhaus, der gegen Merkels Willen
zum Chef der Unionsfraktion im Bundestag gewählt wurde, überraschend deutlich durchblicken lassen, dass es im
Grunde völlig egal ist, wer ihr im Kanzleramt nachfolgt.

Wettbewerber seien heute nicht mehr die anderen Partei-
en, sondern NGOs wie "Greenpeace" oder die "Deutsche
Umwelthilfe", die über eine "wesentlich größere Durch-
schlagskraft" verfügten. Brinkhaus spricht ein Kernprob-
lem an: Privatorganisationen, die de facto einen Regie-
rungsstatus erlangt haben und von Firmen oder Einzelpersonen mit zweifelhafter Agenda finanziert werden, bestimmen längst die Politik und führen die demokratischen
Institutionen ad absurdum. Es gibt Regierungen, die dies
erkannt haben und gegensteuern. Unterdessen hat die
WELT einen "AKK"-Fanclub gegründet. "Eine, die kann
und die will", frohlockt sie in Anspielung auf den Titel
der in Kürze erscheinenden Biografie der 56-Jährigen.
Nur 31% der Deutschen sehen das auch so. Nach Marrakesch spielt das aber ohnehin keine Rolle mehr.

Unteilbar intolerant
Die Pöbelherrschaft lässt keine Andersdenkenden zu

Von den alten Griechen können wir viel lernen. Unsere Demokratie basiert auf der Staatslehre griechischer Denker wie Sokrates und Platon. Ein anderer großer Grieche ist den meisten jedoch unbekannt: Polybios von Megalopolis, der um das Jahr 200 vor Christi Geburt lebte, hat sich als Geschichtsschreiber dadurch verdient gemacht, dass er den Aufstieg Roms zur Weltmacht aufzeichnete. Er schrieb die Vormachtstellung des Römischen Reiches neben der Stärke des Heeres insbesondere der Verfassung der Republik zu.

Polybios kam allerdings gleichwohl zu dem Schluss, dass jede noch so gut ausbalancierte Demokratie früher oder später untergehen müsse. Er unterfütterte die von Platon und Aristoteles entwickelte Theorie vom Kreislauf der Verfassungen, nach der Demokratien zwangsläufig in Pöbelherrschaften münden, erstmals mit empirischen Daten. Diesen antiken Lehren könnten wir wertvolle Hinweise entnehmen – wenn wir es nur wollten. Denn immer mehr zeichnet sich ab, dass auch unsere Demokratie in Gefahr ist, einem Kreislauf zu folgen, aus dem es kein Entrinnen zu geben scheint, weil wir Menschen offenbar nicht in der Lage sind, aus der Geschichte zu lernen. Dies scheint umso ausgeprägter, je vehementer die Betroffenen vorgeben, genau das zu tun. So, wie die intolerantesten Zeitgenossen oft jene sind, die lautstark mehr Toleranz fordern.

Die Herrschaft des Pöbels, die "Ochlokratie", führt nach der altgriechischen Verfassungslehre letztlich in die Tyrannei, aus der wieder eine legitime Mehrheitsherrschaft erwachsen kann, bevor der Kreislauf von vorne beginnt. Es gehört dabei zum Wesen der Pöbelherrschaft, für einen nicht versiegenden Nachschub an Personen zu sorgen, die intellektuell, charakterlich und persönlich für die Staatsführung ungeeignet sind. Nicht mehr das Gemeinwohl steht im Vordergrund, sondern der eigene Nutzen. Die Regierenden instrumentalisieren die Massen zur Befriedigung ihrer Hab- und Herrschsucht, agieren überheblich und ungerecht. Mit der Unterstützung des vermeintlich profitierenden Pöbels, missbrauchen sie die Staatsmacht dazu, Kritiker ihrer demokratischen Rechte zu berauben. Einst selbstverständliche Maßstäbe an das eigene Handeln mutet sich niemand mehr zu.

In Berlin ließ sich am Wochenende beobachten, zu welchen Auswüchsen Ochlokratien führen. Unter dem Motto "Unteilbar – Solidarität statt Ausgrenzung" feierte nach Angaben der Veranstalter eine Viertelmillion von Ausgrenzern ihre Solidarität mit allen linken Ausgrenzern. Es ging ihnen darum, ein Zeichen gegen Andersdenkende zu setzen, die nach ihrer Überzeugung in einer Demokratie nichts zu suchen haben. Die Polizei sprach später von einer Veranstaltung mit "Happening-Charakter" und taxierte die Teilnehmerzahl auf nur gut 100.000. Es ist allerdings beileibe keine linke Domäne, dass Organisatoren ihre Events großreden.

Veranstalter brüsten sich gerne mit aufgeblähten Teilnehmerzahlen. Bemerkenswert ist aber, dass in der medialen Berichterstattung nur die von den "Unteilbaren" verbreiteten Zahlen genannt wurden, während man bei Demonstrationen "Rechter" niemals müde wird darauf hinzuweisen, dass die Einsatzkräfte weitaus weniger Teilnehmer gezählt hätten als die Organisatoren. So geistern 242.000 Event-Gänger durch die Presse, die es nie gegeben hat. Beeindruckend wäre angesichts des hervorragenden Wetters und des kirmesmäßigen Rahmenprogramms jedoch selbst diese Zahl in einer Stadt wie Berlin nicht. Würde man Demonstrationen für den Erhalt von Recht und Ordnung (also sogenannte Nazi-Aufmärsche) gleichfalls als ein vom Steuerzahler finanziertes Volksfest inszenieren, mit Bespaßung, Kinderhüpfburgen und einem mehrstündigen Gratiskonzert, wie es bei Kundgebungen Linker inzwischen Standard ist, wären auch dort Hunderttausende.

"Rechte" Demonstranten müssten ihre Anreise allerdings selbst organisieren und finanzieren. Auch Transparente in rauen Mengen, die beim Aussteigen aus den kostenlosen Reisebussen nur noch entgegengenommen werden müssen, lassen sich ohne staatliche Alimentierung kaum anbieten. Der Pöbel, den Polybios beschreibt, hat das Ruder übernommen. Grüne und linke Radikale, die die Ochlokratie in die Parlamente gespült hat, verleihen ihm eine Stimme. Sie sind mächtig genug für die Tyrannei, und es wird lange dauern, bis der Kreislauf wieder bei der legitimen Mehrheitsherrschaft angekommen ist.

Grünes Hauptquartier
Der öffentlich-rechtliche Rundfunk im Wahlkampf

Bayern hat gewählt – gewonnen haben die Grünen. Auf diese simple Formel bringen ARD und ZDF das Ergebnis der Landtagswahl in der Heimat des ungeliebten Bundesinnenministers. Seither überschlagen sich die Groupies in den Medien in ihrer Begeisterung für die Grünen, die das ZDF umgehend zur stärksten Kraft in allen bayerischen Großstädten erklärte. Dass es sich dabei um eine klassische Falschmeldung handelte, bekam wenige Tage später nur noch ein Bruchteil des Publikums mit. Bei Millionen von Zuschauern, die am Wahlabend vor dem Fernseher gesessen oder sich gar das "ZDF Spezial" am Tag danach angetan hatten, dürften die "Fake News" die gewünschte Wirkung erzielt haben. Schon die jüngste Umfrage zur Hessenwahl deutet dies an.

Motiviert durch ihren Propagandaerfolg legen die öffentlich-rechtlichen Sender täglich nach. Und ihre Helfer von der schreibenden Zunft springen nur allzu gerne auf den Zug auf: Vom ersten grünen Ministerpräsidenten in Hessen schwärmen sie, noch dazu einem jemenitischen, was die Journalisten schier aus dem Häuschen geraten lässt. Da stört es nicht einmal, dass ja eigentlich Priska Hinz – also eine Frau! – hessische Spitzenkandidatin und damit erste Anwärterin ist. Vorbei sind die Zeiten, als Frauen bei den Grünen Vorfahrt hatten. Gegen einen Migrationshintergrund kommt man eben schwer an.

Der ganze Rummel beruht übrigens darauf, dass die Grünen in der hessischen Wählergunst bei 20% liegen sollen. Ein unfassbarer Wert sicher, aber keiner, der Anlass dazu gibt, bereits eine grün-geführte Landesregierung auszurufen. Während man im grünen Hauptquartier am Mainzer Lerchenberg nun rund um die Uhr damit beschäftigt ist, das Wahlergebnis für den kommenden Sonntag in die Höhe zu treiben, flankiert der SPIEGEL die Kampagne mit der Meldung, dass sich die Hälfte der Deutschen vorstellen könnten, "grün" zu wählen. Schon heben Deutschlands Journalisten ihre Angebeteten in den Rang einer Volkspartei. Das soll die Wähler beeindrucken, und das tut es auch. Wer möchte nicht zu denen gehören, die auf der Erfolgsspur sind? Der Mensch ist nun einmal ein Herdentier.

Volkspartei wollen übrigens auch SPD und CDU noch sein. Im Falle der SPD erübrigt sich allerdings jede Diskussion. Sie ist bundesweit nur noch viertstärkste Kraft. Und die von Merkel entkernte CDU liegt für sich betrachtet ebenfalls gerade mal bei 20%. Ohne den Partner aus Bayern, der sein Ergebnis der Bundestagswahl bestätigen konnte und die Union auf 25% hievt, hätten die medialen Fans der Grünen ihre Sonnenblumensternchen bereits an die Spitze befördert. Für Deutschlands Zukunft ist es fatal, dass offenbar immer mehr Wähler ihren Verstand verlieren. Denn die Grünen sind nichts von dem, was uns ihre journalistischen Helfershelfer vorgaukeln. Das wäre für jeden, der es versuchte, leicht zu erkennen.

Sie sind weder bürgerlich noch progressiv, sondern milieuverliebt und fortschrittsfeindlich. Sie bevormunden uns von früh bis spät und nötigen uns zur Mitwirkung an der Erschaffung eines intoleranten Verbots-Regimes. Und sie sind in ihrer ideologischen Verbissenheit gefährlich radikal. Wie kann es also sein, dass sich über 10 Millionen Wähler zu den Grünen bekennen? Was ist in einem Land los, dem man einen gesellschaftsfeindlichen Grenzwertterror als zukunftsorientierte Umweltpolitik und sicherheitsgefährdende Rechtsbrüche als humanitäre Wohltaten verkaufen kann? Konnte man die Grünen bislang als nervende Splittersekte abtun, der es jedoch gelungen ist, unser Leben unfreier, freudloser und teurer zu machen, sollte man ihren Aufschwung mit einiger Sorge betrachten.

Ihre kollektivistische Dogmatik, die das Individuum zum Einheitsmenschen umerziehen will, ist in ihrem Wesen der Ideologie der SED nämlich ebenso ähnlich wie dem Gleichschaltungswahn der Nationalsozialisten. Dass die CSU allem journalistischen Drängen zum Trotz mit den Freien Wählern regieren möchte, ist ein gutes Signal für Bayern. Deutschlands Medien werden aber nichts unversucht lassen, die grüne Machtergreifung voranzutreiben. Wer dabei künftig Koalitionspartner spielt, ist im Grunde egal. Zusammen mit den Journalisten geben die Grünen sowieso in jeder Regierung den Ton an, zumal der öffentlich-rechtliche Rundfunk immer am Koalitionstisch sitzt. Es regiert sich entspannt, wenn man über eigene Sender und Redaktionen verfügt, ohne sie besitzen zu müssen.

Die Migrationsmacht
Wie sich die UN über geltendes Recht hinwegsetzt

Zu den Dingen, die weitgehend unbekannt sind, gehört sicher die Rechtsprechungskompetenz des in Genf ansässigen UN-Menschenrechtsausschusses, nicht zu verwechseln mit dem noch mächtigeren Menschenrechtsrat der Vereinten Nationen. Für alle 172 Unterzeichnerstaaten ist der Menschenrechtsausschuss befugt, Beschwerden von Einzelpersonen zu verhandeln, die sich in ihren Bürgerrechten verletzt sehen. Allerdings sind die 18 Ausschussmitglieder keinesfalls zwingend Juristen. Gemäß Artikel 28 des "Internationalen Paktes über bürgerliche und politische Rechte" genügt es, wenn es sich aus Sicht der entsendenden Staaten um "Persönlichkeiten von hohem sittlichen Ansehen und anerkannter Sachkenntnis auf dem Gebiet der Menschenrechte" handelt.

Aktivisten sind somit höchst willkommen, um international Recht zu sprechen. Dabei gilt die Besonderheit, dass einzig der Beschwerdeführer gehört wird. Es gibt weder eine Anhörung der Gegenseite noch die Möglichkeit des Widerspruchs oder gar der Revision. Die Entscheidungen sind also endgültig und entfalten eine faktische Wirkung. Nun hat der Ausschuss entschieden, dass Frankreich zwei muslimische Frauen entschädigen muss, die gegen das seit April 2011 geltende Verschleierungsverbot verstoßen hatten und vor sechs Jahren verurteilt worden waren. Die Entscheidung dürfte weitreichende Konsequenzen haben.

Denn nicht nur in Frankreich, sondern auch in Österreich, Belgien, Dänemark, der Schweiz und den Niederlanden sind Verschleierungsverbote entweder von den Parlamenten beschlossen worden oder längst in Kraft. Sogar im afrikanischen Gabun ist die Vollverschleierung im öffentlichen Raum seit 2015 verboten. All diese Gesetze stehen nun auf dem Prüfstand, weil ein Gremium der UN es so will. Wer noch Zweifel daran hatte, dass die Vereinten Nationen parteiisch agieren und einseitigen religiösen Interessen dienen, muss sich eines Besseren belehren lassen. Dabei hatte der Europäische Gerichtshof für Menschenrechte noch im Sommer 2017 mit Blick auf das belgische Verschleierungsverbot keinerlei Verstoß erkannt.

Er urteilte gar, dass Vollverschleierungsverbote nicht nur rechtens seien, sondern "für eine demokratische Gesellschaft notwendig". Auch das Recht auf Religionsfreiheit, die Achtung des Privat- und Familienlebens und das Diskriminierungsverbot seien nicht verletzt, so die Richter in ihrer Urteilsbegründung. Warum der Menschenrechtsausschuss der UN zur gegenteiligen Einschätzung kommt, und was dies für die ordentliche Rechtsprechung bedeutet, wird sicher ab sofort Gegenstand mancher juristischer Diskussion sein. Dass Deutschlands Medien eine offene Debatte über die Genfer Entscheidung führen werden, ist aber wohl kaum zu erwarten. Eher dürfte der Beschluss des Menschenrechtsausschusses medial gefeiert werden. Fakt ist jedoch: Selbst die höchsten europäischen Gerichte sind damit im Grunde entmachtet.

Wann immer Migranten künftig ihre Rechte verletzt sehen, wird kein Urteilsspruch mehr endgültig sein, solange er nicht den Segen der UN-Menschenrechtsaktivisten erhalten hat. Damit wird einer interessengeleiteten Willkürjustiz Tür und Tor geöffnet. Es ist sicher nicht zu wild spekuliert, dass fortan nicht etwa Isländer, Japaner oder Chilenen vorm Menschenrechtsausschuss Schlange stehen werden, sondern jene Migranten, die aus muslimisch geprägten Ländern stammen. Sie werden ihren Kampf gegen westliche Weltanschauungen im noblen Genf austragen, darauf vertrauend, dass die Rechtsprechung europäischer Gerichte Makulatur ist und sich die Vereinten Nationen nur zu bereitwillig für pro-islamische Lobbyarbeit hergeben.

Man sollte daher schon heute den Blick auf die Vorweihnachtszeit richten, wenn Deutschland mit einer Fülle weiterer Staaten den "Global Compact for Migration" unterzeichnen wird. Wenn dieses völkerrechtlich zwar nicht bindende, aber ganz im Geiste der Laienrechtsprechung der UN gehaltene Dokument erst einmal unterschrieben ist, wird es so manchen darin bestärken, sich gegen die rechtsstaatlichen Organe jenes Landes zu stellen, das er sich nicht nur für seinen Verbleib ausgesucht hat, sondern dem er für das eigene Wohlbefinden auch die mitgebrachte Kultur überstülpen will. Der muslimische Marsch durch die Institutionen trägt Früchte. Er findet international statt und entfaltet seine Schlagkraft in atemberaubend kurzer Zeit. Da staunen selbst die Grünen.

Die Unmoralischen
Heuchelnde Politiker und beschützte Vergewaltiger

Es ist wieder passiert. Und nicht zum ersten Mal liegt der Schauplatz eines schrecklichen Sexualverbrechens durch polizeibekannte Asylbewerber in Freiburg, wo man sich so gerne der eigenen Willkommenskultur rühmt. Vorhersehbar waren einmal mehr die Reaktionen, die sich nur kurz mit dem Entsetzen über die furchtbare Tat und dem Mitgefühl für das Opfer aufhielten. Das laute Dröhnen der "moralisch Überlegenen", die bei ehrlicher Betrachtung überhebliche Unmoralische sind, übertönt alles. Die vermeintlich Schutzbedürftigen müssen geschützt werden – und das um jeden Preis. Offenbar auch um den menschlicher Tragödien.

Alles Kollateralschäden im "Kampf gegen rechts", der in Wahrheit ein Kampf gegen die Mitte der Gesellschaft ist, oft genug gar ein Kampf gegen Anstand und Moral. Wer vor "den Rechten" warnt, genießt Narrenfreiheit. Sogar, wenn er Täter zu Opfern macht. Freiburg war die erste deutsche Großstadt mit einem grünen Oberbürgermeister. Hier leben die Guten, die zuerst wussten, wie wichtig es für das eigene Karma ist, die Sonne auf dem Dach einzufangen. Hier hat man früh erkannt, dass Autos des Teufels sind. Kaum eine Stadt kann mithalten mit der Dichte an Fahrrädern, was auch daran liegt, dass jeder neunte Einwohner Freiburgs studiert. Vor allem ist Freiburg die Heimat des freundlichen Gesichts.

Die Teddybären sind hier noch plüschiger als anderswo und die Willkommensfähnchen noch bunter. Da muss es keinen wundern, dass selbst schwerste Straftaten ausreisepflichtiger Asylbewerber mit unendlicher Güte begleitet werden. Zwar haben die Freiburger ihrem grünen OB im Sommer nach 16 Jahren einen Fußtritt verpasst, doch nicht etwa, weil er sich nicht willkommensbegeistert genug gezeigt hätte. Es ging ums schnöde Geld. Vor allem die Studenten waren den akuten Wohnungsmangel und die galoppierenden Mieten einfach leid. Seit Juli versucht man es nun mit einem als "parteilos" angetretenen Sozi, was in diesem Zusammenhang wie ein Treppenwitz anmutet. Martin Horn darf künftig die Geschicke der Stadt leiten – na ja, nicht ganz, denn wegen einer Klage konnte der 33-Jährige noch nicht in sein Amt eingeführt werden.

Das hindert den Sozialwissenschaftler zwar am Stimmrecht im Gemeinderat, nicht aber daran, seine Stimme zu erheben, um die Gruppenvergewaltigung einer 18-Jährigen in seiner Stadt für eine Warnung vor rechtem Populismus auszuschlachten. Horn, der kurz nach seiner Wahl gefordert hatte, als "Zeichen der Menschlichkeit" mehr Asylbewerber ins Land zu holen, verurteilte das grausame Verbrechen vorschriftsmäßig, widmete den überwiegenden Teil seines Presse-Statements aber der Sorge, die Tat könne Rechte auf den Plan rufen. Vorsichtshalber macht ein grüner Ex-Lokalpolitiker gegen die AfD mobil – als wären die Vergewaltiger nicht etwa syrische Asylbewerber, sondern AfD-Parteimitglieder.

Zehn Tage lang hatten die sogenannten Leitmedien das vierstündige Martyrium der jungen Frau erfolgreich totgeschwiegen. Dann brach die BILD-Zeitung den Bann. Und während man sich in Freiburg nun um Schadensbegrenzung bemüht, passt der Vorfall einem anderen durchaus ins Konzept. Für Grünen-Chef Robert Habeck hätte die Nachricht zu keiner passenderen Zeit kommen können. Der neue Liebling der Journalisten giftete am Wochenende gegen Angela Merkels konzeptlose Migrationspolitik, um vor der hessischen Landtagswahl noch einmal Stimmung zu machen. Da kann die Wut über außer Kontrolle geratene Asylbewerber nur helfen, so sehr der 49-Jährige straffällige Zuwanderer als Opfer mangelnder Integrationsangebote sehen dürfte.

Habeck weiß, dass all das nicht mit seinen Grünen, sondern mit Merkels CDU nach Hause geht. Zwar liegt er mit jedem einzelnen Vorwurf richtig, von der unvorbereiteten Grenzöffnung über die tölpelhaft gemanagte Krise bis hin zu den dilettantisch abgewickelten Asylverfahren, doch ist es gerade seine Partei, die Deutschlands Kanzlerin auf Abruf bis heute überhaupt im Amt hält und jeden ihrer Schritte beklatscht. Es ist arg befremdlich, dass der oberste Grüne eine verfehlte Asylpolitik anprangert, während er und seine Helfer alles daran setzen, so viele Abschiebungen wie möglich zu vereiteln. Ohne die Habecks dieser Welt wäre vielen Frauen großes Leid erspart geblieben. Und Freiburg wäre weiterhin nur eine Wohlfühlblase voller Fahrräder und Sonnenkollektoren.

Der teuflische Pakt
Die Offensive nach dem Scheitern des Totschweigens

Eine Lawine ist ins Rollen gekommen, direkt aus den österreichischen Alpen bis hinunter ins deutsche Flachland. Nun ist die Katze aus dem Sack: Österreich wird den globalen Migrationspakt ebenso nicht unterzeichnen wie ein Dutzend weiterer Staaten, viele davon in Europa gelegen. Hatten sich Australien und die USA früh von der UN-Vereinbarung distanziert, die zwar nicht völkerrechtlich, aber politisch und moralisch bindend ist, folgt nun auch in Europa ein Land nach dem anderen. Neben Österreich haben bereits Ungarn, Kroatien und Tschechien mitgeteilt, der Unterzeichnung in Marrakesch fernzubleiben.

Weitere europäische Länder werden dem Beispiel folgen, nicht zuletzt Dänemark, Polen, Italien, Monaco und die baltischen Staaten. Dies legt den Schluss nahe, dass irgendetwas faul ist an dem Vorhaben, von dem hierzulande bis vor kurzem kaum jemand Notiz genommen hatte. Die monatelange Strategie des Totschweigens schien aufzugehen – bis Österreichs Kanzler sein Nein zu dem Pakt verkündete. Er hat das Ansinnen durchschaut, den Mitgliedsstaaten durch die Hintertür einer offiziell freiwilligen Vereinbarung die nationalen Handlungsspielräume in der Migrationspolitik zu nehmen. Denn ist der aus zwei Vertragswerken bestehende Pakt erst einmal unterschrieben, wird er künftig nicht nur die nationale Gesetzgebung, sondern auch die Rechtsprechung bestimmen.

Die Vereinten Nationen haben keinerlei Gesetzgebungs-
kompetenz. Diese benötigen sie allerdings auch gar nicht,
um das Asylrecht auszuhebeln. Denn es wird sich keiner
der Unterzeichnerstaaten gegen die Vereinbarung stellen.
Auch Richter nicht, die sich mit Klagen zu befassen haben, in denen sich jemand auf einen weltweit geschlossenen Migrationspakt beruft. Zwar gilt weiterhin nationales
Recht, doch fordert der Pakt die einzelnen Staaten zu Anstrengungen auf, dieses rasch dem Geist der Vereinbarung anzupassen. Dabei soll der Tatbestand der illegalen
Einwanderung letztlich abgeschafft werden. Dahinter
steckt die Idee, dass kein Mensch irgendwo auf der Welt
illegal ist. Jeder soll gehen können, wohin er will.

Im Ergebnis werden die gut unterfütterten Sozialstaaten,
zu denen vor allem Deutschland zählt, ihrer Funktionsfä-
higkeit beraubt, weil die Ankommenden auf Dauer mehr
Mittel beanspruchen werden als man bereitstellen kann.
Aber auch ohne diese finanziellen Belastungen erleben
wir schon heute, dass es nicht gelingt, eine siebenstellige
Zahl von Zuwanderern aus völlig fremden Herkunftslän-
dern zu integrieren, von denen die meisten keinerlei Ab-
striche an der eigenen Kultur zu machen bereit sind. Dieser Aspekt ist das eigentliche Problem, und er betrifft die
orientalisch-muslimische Migration. Denn die Zuwanderer werden eben nicht mehrheitlich Buddhisten aus Thai-
land, Christen aus Irland oder Juden aus Russland sein.
Sie alle würden sich recht problemlos integrieren, so un-
terschiedlich sie auch sein mögen.

Ein ganz anderer Aspekt des Migrationspakts müsste alle Verteidiger der Pressefreiheit auf den Plan rufen. Es ist bezeichnend, dass die Journalisten so lange still hielten, wie sie nur konnten, und auch jetzt nicht etwa aufbegehren. Die Unterzeichnerstaaten sollen ihre Medien nämlich künftig "in die Steuerung von Migration einbinden", um ein durchweg positives Bild der Zuwanderung zu zeichnen. Medienschaffenden, die sich diesem weitgehenden Eingriff in die Pressefreiheit zu entziehen versuchen, soll die öffentliche Finanzierung oder die materielle Unterstützung entzogen werden, soweit möglich. In jedem Fall sollen sie aber geächtet werden. Deutschland ist bereits auf diesen Pfad eingeschwenkt und hat eine der Grundprämissen damit längst erfüllt.

Wogegen man sich als Betroffener aktuell aber noch gerichtlich wehren könnte, wird bald zum international vereinbarten Standard gehören, den kaum noch ein Richter wird aushebeln wollen. Die Bundeskanzlerin ist fest entschlossen, den Migrationspakt zu unterschreiben. Nichts wird sie davon abbringen. Und doch fürchtet sie offenbar die Unruhe durch die gesellschaftliche Diskussion über den teuflischen Pakt. Ähnlich wie beim Euro und bei der Islam-Migration wird versucht, die Kritiker als Rechtspopulisten und Verschwörungstheoretiker mundtot zu machen. Das Erzeugen von Feindbildern und die Leugnung der Realität waren immer schon die Stilmittel im Kampf gegen die Wahrheit. Seit 5.45 Uhr wird aus dem Außenministerium und den Pressebüros jetzt zurückgeschossen.

Peinliche Lobhudeleien
Ein inszeniertes Halleluja und die Angst vor Merz

Nun ist sie eben weg – zumindest als CDU-Vorsitzende. Kaum hatte Angela Merkel verkündet, nicht mehr für den Parteivorsitz zu kandidieren, holten Deutschlands Journalisten die lange vorbereiteten Liebesbriefe aus der Schublade. Jeder hatte gewusst, dass dieser Tag nicht mehr fern sein würde, und alle waren bestens vorbereitet. Lobhudeleien an der Grenze zur Peinlichkeit begleiten den Rückzug einer Frau, die nach den Turbulenzen in Bayern und Hessen den Notausstieg genommen hat, bevor andere den Schleudersitz aktivieren konnten. Kaum ein Presseorgan, das nicht in den Jubelchor einstimmen wollte.

In Windeseile trafen die Gefälligkeitsadressen aus der gesamten Republik auch von Schauspielern, Musikern und Sportlern ein. Ganz so, wie man es aus den Staaten kennt, in denen die Systemgünstlinge ihrer Führung die unverbrüchliche Treue schwören. Manch öffentlich-rechtlicher Vorleser schien gar mit den Tränen zu kämpfen, ähnlich wie in Nordkorea, wenn sich die Nachrichtensprecher heulend vom geliebten Führer verabschieden. Nur nächtliche Fackelzüge oder die obligatorische Militärparade hätten die Wirkung noch steigern können. Eine Parade wäre jedoch ohne ausländische Hilfe sowieso nicht möglich gewesen, verfügt die Bundeswehr doch weder über Personal noch Gerät für einen zünftigen Vorbeimarsch am Konrad-Adenauer-Haus.

Im Ausland verspürte man wenig Lust, sich an den Feierlichkeiten zum Abgang einer Parteivorsitzenden zu beteiligen, deren Abschied als Regierungschefin sehnlichst erwartet wird. Anders als hierzulande, waren die Reaktionen vielerorts eher gemischt. Wer genau hinsah, konnte hier und da gar ein gewisses Maß an Erleichterung herauslesen. Nicht so in Deutschland. Bestürzt zeigt sich ob des Abtritts ihrer Ikone die "Generation Schneeflocke", die nie etwas anderes erlebt hat als die Willkommenskanzlerin und die CDU für die Schwesterpartei der Grünen hält. Währenddessen zollt die Presse Merkel Respekt für den angeblich "würdevollen und selbstbestimmten" Rückzug. Dass dieselben Journalisten wochenlang gefordert hatten, die Unbelehrbare möge es endlich gut sein lassen, verdeutlicht die ganze Bigotterie der Branche.

Selbstbestimmt war an der Aufgabe des Vorsitzes ohnehin nichts. Merkel wusste nur zu gut, was ihr beim CDU-Parteitag im Dezember geblüht hätte. Mit peinlicher Unterwürfigkeit werden nun ausgerechnet jener Frau blumige Wortgirlanden für ihre Bereitschaft zum Rückzug gebunden, die an ihrem Stuhl klebt wie ein alter Kaugummi. Dass sie Kanzlerin bleiben will, auch um der UN einen letzten Dienst zu erweisen und ihre Verfassungsbrüche der letzten Jahre nachträglich zu legitimieren, zeigt, dass sie nicht daran denkt loszulassen. Allerdings könnten ihre Tage im Kanzleramt gezählt sein, sollte ihr tatsächlich ihr früherer Gegenspieler Friedrich Merz nachfolgen und nicht eine ihrer Kabinettsmarionetten.

Der Schleudersitz könnte aber auch so zünden, denn der CDU stehen wichtige Wahlen bevor, deren Brisanz die in Bayern und Hessen noch übersteigt. Brandenburg, Sachsen und Thüringen wählen 2019 ihre Landtage. Ohne eine Veränderung im Kanzleramt wird es der CDU kaum gelingen, die AfD dort in Schach zu halten und aus dem Umfragetief herauszukommen. Schon die Europawahl im Mai dürfte schmerzhaft enden, sollte Merkel immer noch regieren. Derweil machen die Medien gegen Merz mobil. Sie wünschen sich eine Getreue als Nachfolgerin. "Merkels Plan" gehe nur mit Annegret Kramp-Karrenbauer auf, ließ der SPIEGEL seine Leser vielsagend wissen.

Was wie eine Drohung klingt, darf durchaus so gewertet werden, wenngleich das in der SPIEGEL-Redaktion wohl niemand so verstanden wissen will. Denn mit "AKK" an der CDU-Spitze könnte Merkel ungestört weiterarbeiten am Umbau eines Landes, das kaum mehr wiederzuerkennen ist. Partei und Presse könnten in diesem Fall irgendwann den würdevollen Abschied vom Kanzleramt inszenieren, den sie uns jetzt schon beim Vorsitz vorgaukeln. Für die SPD wäre Merz hingegen ein Glücksfall. Zwar wäre der Bruch der "Großen Koalition" vorgezeichnet, doch hätte man endlich wieder ein Feindbild im Unions-Lager. Die Grünen brauchen Merkel jedoch. Noch haben sie nicht die Mehrheit. Sicher sollen die journalistischen Merkel-Hymnen daher auch die Delegierten des CDU-Parteitags beeindrucken, denen das Kreuz hinter dem Namen Merz nur allzu leicht von der Hand gehen könnte.

Wahlbetrug in Frankfurt
Die "Pannen" links-grüner Gesinnungstäter

Es ist nicht das erste Mal, dass sich nach einer Wahl herausstellt, wie einfach es für die Auszähler ist, zum Erfolg ihrer Wunschpartei beizutragen. Einen der spektakulärsten Fälle der jüngeren Vergangenheit gab es 2015 in Bremerhaven, wo eine unbeaufsichtigte Schülergruppe dafür sorgte, dass die AfD am Wahltag die 5%-Hürde verfehlte. Später wurde das Ergebnis nach einer Klage der Partei korrigiert, die den geraubten Sitz in der Bremischen Bürgerschaft nachträglich zugesprochen bekam. Der Betrug fand damals allerdings wenig mediale Beachtung, waren die Schüler aus Sicht vieler Journalisten und der Landespolitik doch in ehrenwerter Mission unterwegs.

Derartige Falschauszählungen kommen ohnehin nur selten ans Licht, denn häufig genug haben sie auf den Ausgang keinerlei Einfluss. In Frankfurt ist einer der größten Schwindel der Wahlgeschichte aber jetzt aufgeflogen. Er könnte für ein politisches Erdbeben sorgen. Nur 94 Stimmen Vorsprung vor der SPD hatten die Grünen bei der Landtagswahl in Hessen. Nun könnten sie eine dreistellige Stimmenzahl verlieren und die SPD in ähnlichem Maße dazugewinnen. Die öffentlich-rechtlichen Wahlsieger wären damit nur noch auf Platz drei, die knappe Mehrheit für Schwarz-Grün dahin. Noch ist es nicht so weit, aber die aktuelle Regierungskoalition kann ihre Zusammenarbeit möglicherweise nicht ohne Partner fortsetzen.

Lediglich geschätzt wurden in einigen Frankfurter Wahllokalen die Stimmen. In anderen waren ganze Stapel mit Stimmzetteln beiseitegelegt und danach "vergessen" worden. Wieder andere Auszähler hatten Parteien vertauscht oder Zahlendreher fabriziert. In der Hektik des Zählens und unter dem Druck, rasch ein Ergebnis liefern zu müssen, können Fehler natürlich passieren. Doch die Systematik, mit der fast durchweg Grüne und Linke von diesen "Pannen" profitierten, macht es schwer, an menschliches Versagen auf breiter Front zu glauben. Am stärksten geschädigt durch die Falschauszählungen war die CDU, aber auch auf FDP und AfD hatte so mancher es offenbar abgesehen. Zu den Auffälligkeiten gehörte, dass etwa die AfD in benachbarten Stimmbezirken mal mehr als 10%, mal fast gar keine Stimmen erhalten haben soll.

Noch eklatanter waren die Ausreißer bei der CDU, die in einem Wahllokal in Frankfurt-Höchst angeblich nur 4,4% erhalten hatte. Das ist selbst in einen sozialen Brennpunkt ein schwer vorstellbares Ergebnis. Sage und schreibe 88 von 490 Wahlbezirken mussten ihre Zahlen korrigieren, in fast einem Dutzend muss gar neu ausgezählt werden. Die Auffälligkeiten beschränken sich jedoch nicht aufs Auszählen: In einigen Altenheimen erzielten die Grünen erstaunliche Werte. Wer hat da wohl die Hand geführt? In Kürze werden wir das tatsächliche Ergebnis der Landtagswahl erfahren. Dann könnten sich völlig neue politische Konstellationen ergeben. Selbst eine SPD-geführte "Ampel" scheint nicht mehr ausgeschlossen.

Es ist in höchstem Maße peinlich für ein Land, das weltweit immer noch besonderes Ansehen für seinen Verwaltungsapparat genießt, dass Manipulationen so leicht möglich sind und Computerpannen oder fehlende Sachkenntnisse keine ordnungsgemäße Auszählung am Abend einer Landtagswahl zulassen. Ein Staat, der selbst die Verfolgung von Falschparkern perfektioniert hat, sollte in der Lage sein, die fehlerfreie Ermittlung von Wahlergebnissen nicht erst nach Wochen sicherzustellen. Wer Fahrverbote nach penibel gemessenen Schadstoffwerten ausspricht, macht sich lächerlich, wenn er den Ausgang von Wahlen bloß schätzt. Das hat schon etwas von der viel zitierten Bananenrepublik.

Dass es im 21. Jahrhundert in Deutschland offenbar keine geeigneten technischen Hilfsmittel gibt, dass Wahllokale seit Jahrzehnten unter dem Regiment der immer gleichen Personen stehen und dass ein zum Selbstzweck mutierter Schutz der Persönlichkeitsrechte Videomitschnitte vom Auszählungsvorgang verhindert, lässt die Anstrengungen des Staates absurd erscheinen, selbst den unbedeutendsten Behördengang mit einer Fülle bürokratischer Hürden zu versehen, um Missbrauch zu verhindern. Noch schlimmer ist aber die mangelnde Bereitschaft, das Kind beim Namen zu nennen. Wer Betrug als Pannen verniedlicht, riskiert, dass die Bürger das bizarre Rechtsverständnis für ihren Alltag übernehmen. Damit tragen wie schon bei der Verklärung der "Flüchtlinge" die Medien eine Mitschuld an der schwindenden Akzeptanz staatlicher Institutionen.

Das "Brexit"-Gerangel
Großbritanniens Befreiungsversuch von der EU

Der Deal steht. Zwar ist es fraglich, ob er vom britischen Parlament abgesegnet werden wird, doch ist der mehrere Hundert Seiten umfassende Entwurf für den EU-Austritt des Königreichs offenbar der bestmögliche Kompromiss. Großbritannien wird demnach Herr seiner Fischereipolitik, scheidet als EU-Finanzierer aus und darf die Einwanderung stärker regulieren. Monatelang hatte Premierministerin Theresa May dem Sturm standgehalten, der nicht nur aus dem beleidigten Europa, sondern auch aus den eigenen Reihen kam. Einen Minister nach dem anderen hat sie gehen sehen, manch enge Vertraute gar wie Innenministerin Amber Rudd und "Brexit"-Minister David Davis. Nun präsentierte sie voller Stolz das Dossier.

Zwar beinhaltet der Deal keine harte Trennung, wie sie die Hardliner in Mays konservativer Partei gerne gehabt hätten, doch hat sich das Kämpfen für die zwischenzeitlich in Nöte geratene Regierungschefin offenbar gelohnt. May gab die "Eiserne Lady", wobei sie ihr Vorbild Margaret Thatcher niemals wird erreichen können. Schon ihr ungelenker Gang steht dem im Weg. Während die echte "Eiserne Lady" stets aufrecht und mit festem Schritt den Saal betrat und die versammelte Männerriege durch ihr Mienenspiel einzuschüchtern wusste, schleicht May heran, immer eine Spur zu freundlich. Nicht wenige werfen ihr daher vor, Brüssel zu viel gegeben zu haben.

Beide Seiten wissen allerdings auch, dass es keine Alternative zu einem anständigen Miteinander gegeben hatte, wollte man den Kontinent nicht durch zu viel Sturheit in eine Krise stürzen. Dabei braucht die Europäische Union einen geordneten "Brexit" noch mehr als Großbritannien. Denn während die Briten durch ihre enge Allianz mit den Vereinigten Staaten und ihren geradezu unerschöpflichen Nachschub an Arbeitskräften aus dem "Commonwealth" recht unabhängig von den Launen der EU sind, schmerzt Brüssel der Verlust eines der größten EU-Nettozahler so sehr wie der Wegfall von mehr als 66 Millionen Einwohnern, was den Verlust enormer Wirtschaftskraft bedeutet.

Brüssel wird zudem alle Hände voll zu tun haben, Nachahmer daran zu hindern, denselben Weg einzuschlagen wie die Briten. Nicht nur Italien könnte sich irgendwann ermuntert fühlen, seine Bürger über einen Austritt aus der Europäischen Union abstimmen zu lassen. Es wird daher umfassende EU-Reformen geben müssen, um sich auf die ursprüngliche Idee eines Friedensprojekts zu besinnen und die Bürger Europas wieder zusammenzuführen. Das Gequatsche über europaweite Steuern und eine immer weitere Vergemeinschaftung von Bankenschulden ist dafür sicher der falsche Ansatz. Ebenso wenig hilfreich ist eine Hinterzimmerpolitik, die schon heute dafür sorgt, dass die nationalen Parlamente am Ende nur noch zur Kenntnis nehmen können, was zwei Dutzend Staats- und Regierungschefs in nächtlichen Sitzungen in Brüssel vereinbart haben.

Großbritannien blickt dem "Brexit" gesund und munter entgegen – sehr zum Verdruss der deutschen Medien und weiter Teile der politische Kaste. Allen Unkenrufen zum Trotz hat sich der Arbeitsmarkt prächtig entwickelt, wobei vor allem Einheimische im Niedriglohnsektor wieder Anschluss finden. Dazu verharrt die Inflation trotz deutlich höherer Ölpreise auf dem Niveau des Vorjahres, weil die Bank of England nur die eigene Volkswirtschaft im Blick haben muss und nicht unterschiedliche Konjunkturverläufe, wie die Europäische Zentralbank, die die Situation nur durch die ständige Ausweitung der Geldmenge halbwegs im Griff behält. Während Deutschlands Sparer einen Realzins von -2,5% verkraften müssen, hält er sich für die Briten mit -1,5% vergleichsweise im Rahmen.

Als wäre dies nicht genug, droht Deutschland demnächst eine Rezession. Im dritten Quartal ist die volkswirtschaftliche Leitung um 0,2% geschrumpft, es kommt also darauf an, wie sich die Wirtschaftskraft hierzulande bis zum Jahresende entwickelt. Großbritannien hat demgegenüber im dritten Quartal um 0,6% zugelegt. Die Briten strotzen vor Kraft – nicht trotz des "Brexits", sondern wegen der Vorfreude darauf. Und auf der Insel wird es sicher auch in Zukunft Nahrungsmittel, einen funktionierenden Flugverkehr sowie eine medizinische Versorgung geben. Die beleidigten Leberwürste im Medien- und Politikbetrieb wird dies aber nicht davon abhalten, das nächste Schwächeln der britischen Wirtschaft auf den "Brexit" zu schieben. Die Europäische Union, sie lebe hoch, hoch, hoch!

Von wegen gemeinnützig
Handelt die Deutsche Umwelthilfe betrügerisch?

In Essen ist ein Teilstück der vielbefahrenen A40 für die meisten Dieselfahrzeuge künftig tabu. Erstmals gilt damit ein Diesel-Verbot auf einer deutschen Autobahn. So will es das Verwaltungsgericht Gelsenkirchen, das Fahrverbote für Essen und Gelsenkirchen verfügte. Diese wurden von den Gerichten bereits für Stuttgart, Hamburg, Berlin, Frankfurt, Aachen, Köln und Bonn ausgesprochen. Auch für Darmstadt und Wiesbaden stehen Entscheidungen an. Stets ging den Fahrverboten eine Klage der sogenannten Deutschen Umwelthilfe voraus.

Der Name ist allerdings irreführend, denn bei den Aktivitäten des grünen Klagevehikels handelt es sich nicht um eine Hilfe für die Umwelt, sondern um einen Feldzug gegen die individuelle Mobilität. Das gemeinwohlschädliche Gebaren der radikalen Autohasser, die Richter wegen politisch festgelegter Schadstoffgrenzwerte zwingen, sich zu Komplizen einer irren Ideologie zu machen, fügt Millionen von Dieselfahrern schweren Schaden zu. Der gerichtlich erstrittene Wertverlust für deren PKWs kommt einer staatlichen Enteignung gleich. Das interessiert aber weder Politik noch Justiz. Auf Gedeih und Verderb werden Grenzwerte durchgesetzt, deren Festlegung keinerlei wissenschaftlichen Standards genügt und deren Erhebung über eine offenbar bewusst gegen EU-Vorgaben verstoßende Platzierung von Messstationen zweifelhaft ist.

Nun ist es vielen Dieselfahrern zu bunt geworden. Immer mehr Bürger und sogar Teile der Leitmedien hinterfragen das Treiben des dubiosen Abmahnvereins, der ein ganzes Land unter dem Deckmantel des Umweltschutzes drangsaliert. Selbst die Bundesregierung fühlt sich verpflichtet zu reagieren: Das Kabinett verabschiedete eine gesetzliche Regelung, nach der Dieselfahrverbote eingeschränkt werden können. Sie sollen nur noch bei einer deutlichen Grenzwertüberschreitung verhängt werden. Erst wenn im Jahresmittel an einer der rund 500 Messstationen der zulässige europäische Stickoxid-Höchstwert von 40 Mikrogramm pro Kubikmeter um mehr als 25% überschritten wird, sollen Diesel-Verbote in Betracht kommen. Allerdings haben auch nach dieser Modifizierung des Bundesimmissionsschutzgesetzes die Städte das letzte Wort.

Und so wird es auch in Zukunft Fahrverbote hageln. Der Beschluss des Bundeskabinetts dient offenbar allein dem Ziel, den "schwarzen Peter" am Ende weiterreichen zu können. Statt sich gegen willkürliche Brüsseler Vorgaben zu stellen, wird der bequemste Ausweg gesucht, sich der Verantwortung zu entziehen. Andere EU-Länder sind da konsequenter: Zum einen gibt es in keinem Land Europas ein dichteres Netz an sogenannten verkehrsnahen Messstationen, zum anderen wird im Ausland vielfach in einer Höhe gemessen, in der die willkürliche EU-Vorgabe mit Leichtigkeit einzuhalten ist. Je weiter vom Ort des Geschehens entfernt man misst, desto niedriger logischerweise die Stickoxidkonzentration.

Den deutschen Planübererfüllern käme so viel Pragmatismus niemals in den Sinn. Sie messen – ganz im Gegenteil – an vielen Stationen in einer derart niedrigen Höhe und so nah an der Straße, dass eine Grenzwertüberschreitung praktisch zwangsläufig ist. Sie scheint mancherorts geradezu gewollt. Derweil treibt die "Umwelthilfe" weiter ihr Unwesen. Doch der vom japanischen Autohersteller Toyota mitfinanzierte Verein gerät zunehmend unter Druck. Eine Online-Petition fordert gar die Aberkennung der Gemeinnützigkeit. Ein durchaus nachvollziehbares Anliegen, dem sich innerhalb weniger Tage mehr als 80.000 Bürger angeschlossen haben. Zwar dürfte die Forderung rechtlich kaum durchsetzbar sein, doch könnte sie eine breite öffentliche Debatte darüber anstoßen, ob die Deutsche Umwelthilfe nicht vielleicht in Kenntnis der methodischen Mängel der Messungen agiert.

Mancher Jurist spekuliert bereits darüber, dass der Tatbestand des Betrugs erfüllt sein könnte. Dann kämen gegebenenfalls ganz erhebliche Schadenersatzforderungen auf die grünen Fahrverbotserzwinger zu, die sich trickreich als Helfer tarnen. Denn Millionen geschädigte Dieselfahrer sind beileibe kein Pappenstiel. Niemand weiß, wie ihr Schaden ersetzt werden soll. Eines ist aber sicher: Ein Staat, in dem Richter Fahrverbote auf Autobahnen anordnen müssen, ist vollkommen außer Kontrolle geraten. Es wird Zeit, den grünen Gesellschaftsfeinden der Deutschen Umwelthilfe und ihren dreisten politischen Gehilfen die Herrschaft über das Recht wieder zu entreißen.

Die Spontanausladung
Kein Talk in SAT.1 zur Deutschen Umwelthilfe

Ich bin niemand, der die Öffentlichkeit scheut. Ganz im Gegenteil. Die Themen, über die ich als Autor und Publizist schreibe, sind mir so wichtig, dass ich mir eine breite Wahrnehmung wünsche. Die zahlreichen Debattenmagazine und Internetzeitungen, die meine Artikel übernehmen, verschaffen meinem Anliegen, für die Freiheit des Einzelnen einzutreten, eine Öffentlichkeit, die ich alleine nicht erreichen könnte. Ich dränge mich aber nicht auf. Auch nicht bei SAT.1. Der Sender, meldete sich vielmehr am Dienstag um kurz nach elf bei mir, um mich für den darauffolgenden Morgen in die Live-Sendung des Frühstücksfernsehens nach Berlin einzuladen. Der freundliche Redakteur war Feuer und Flamme für meine Kolumne zum Treiben der Deutschen Umwelthilfe und teilte meine Forderung, dem Abmahnverein das Handwerk zu legen.

20 Minuten sprachen wir über meinen Auftritt als Studiogast. Es konnte dem Redakteur gar nicht schnell genug gehen, mich nach Berlin zu holen, und so schob ich einen anderen Termin gedanklich zur Seite, um ihm eine feste Zusage zu geben. Ich würde kurzfristig Details zu Flug und Hotel erhalten, man organisiere außerdem den Transport vor Ort. Ein Rundum-Sorglos-Paket also, um sicherzustellen, dass ich wirklich kommen würde. Während ich mit den organisatorischen Vorbereitungen der plötzlichen Reise beschäftigt war, erhielt ich jedoch eine Email.

Um 12.19 Uhr wurde ich recht freundlich, aber unmissverständlich wieder ausgeladen. SAT.1 war eingefallen, dass man schon genug Gäste habe. Gerne hätte ich einem breiteren Publikum am frühen Morgen erklärt, mit welch dubiosem Verein wir es zu tun haben, der landauf, landab dafür sorgt, dass immer weniger Autos in die Städte fahren dürfen. Ich hätte daran erinnert, dass es ein grüner Umweltminister war, der die Rahmenbedingungen dafür schuf, der "Umwelthilfe" 2004 das Klagerecht zu verleihen. Vier Jahre später wurde sie vom Umweltbundesamt als "klageberechtigte Vereinigung" anerkannt – mit einer erheblichen Erweiterung der juristischen Möglichkeiten.

Ich hätte erläutert, warum sich der japanische Automobilhersteller Toyota Jahr für Jahr mit fünfstelligen Beträgen bei der Deutschen Umwelthilfe engagiert und warum die amerikanische Ford Foundation erhebliche Summen investiert hat. Ich hätte die Frage aufgeworfen, wie es sein kann, dass eine nicht vom Wähler legitimierte Organisation mit rund 100 Mitarbeitern die Leitlinien der Politik bestimmt. Ich hätte die Rolle der Grünen angesprochen, die den Verein brauchen, weil sie selbst als Partei die Klagen nicht anstrengen können. Und ich hätte mahnend auf die Konsequenzen hingewiesen, wenn die Bürger das Vertrauen in Gerichte verlieren, die völlig überzogene Fahrverbote aufgrund fragwürdiger Grenzwerte aussprechen. Dass künftig gar eine Autobahn selbst von modernen Dieselfahrzeugen nicht mehr befahren werden soll, macht den ganzen Wahnsinn offensichtlich.

All das werde ich nun nicht tun. Zumindest nicht in Berlin. Jedenfalls nicht am 21. November im SAT.1-Frühstücksfernsehen. Jetzt frage ich mich natürlich, was wohl der Grund für die spontane Ausladung nach dem heftigen Werben um einen schnellstmöglichen Studiobesuch sein könnte. Schwer vorstellbar, dass ein Redakteur des Senders im Überschwang der Begeisterung über meine Kolumne einfach zum Telefonhörer gegriffen haben könnte, um mit mir etwas zu vereinbaren, was er zuvor nicht mit seinen Kollegen abgesprochen hatte. Schwer vorstellbar auch, dass man in der SAT.1-Redaktion erst nach dem Telefonat realisiert hat, mit dem TV-Auftritt einem Mitglied der Freien Medien eine Bühne zu geben. Und ebenfalls schwer vorstellbar, dass der Sender das Thema urplötzlich nicht mehr spannend genug finden könnte.

Ein besseres Timing für einen Studiogast kann man sich als Macher einer Sendung eigentlich gar nicht wünschen. Vielleicht liegt es also am Ende einfach nur daran, dass SAT.1 der Mut gefehlt hat, einen kritischen Publizisten zu Wort kommen zu lassen, der den einen oder anderen Mitbürger wachrütteln könnte. Die Rolle darf nun einer spielen, dem es an Glaubwürdigkeit fehlt. Die Redaktion sollte sich beim nächsten Mal vorher darüber klar werden, ob man auch eine Stunde nach der Einladung noch Lust auf den Gast hat. SAT.1 verpasst mit dem Rückzieher eine Chance, sich an die Spitze der Vernünftigen zu stellen, die dem grünen Irrsinn entgegentreten, ohne dass man ihnen eigene Absichten nachsagen könnte.

Milchkannen telefonieren nicht
Wenn der Fortschritt der Politik im Weg steht

Haben Sie schon mal von Anja Karliczek gehört? Nein? Machen Sie sich nichts draus – ich kannte den Namen bis vor kurzem auch nicht. Ich wage zu behaupten, dass nur wenige wissen, wer Frau Karliczek ist. Vermutlich genau diejenigen, mit denen sie aus den Elfenbeintürmen des Parteienstaates heraus zusammenarbeitet. Die Unbekannte ist – man höre und staune – Regierungsmitglied. Und zwar in Berlin. Sie haben richtig gelesen: Die 47-jährige CDU-Politikerin verantwortet als Bundesbildungsministerin alles, was hierzulande mit Bildung und Forschung zu tun hat. Da staunen Sie, was?

Zugegeben, ähnlich dem Landwirtschafts- oder Entwicklungshilfeministerium wird das Bildungsministerium vor allem von einschlägig damit Befassten oder unmittelbar Betroffenen wahrgenommen. Und doch spricht es Bände, dass man die Minister heutiger Bundesregierungen kaum mehr kennt. Wo einst profilierte Köpfe höchste Staatsämter besetzten, reicht es heute, sich einige Jahre als treuer Parteisoldat erwiesen zu haben, nirgendwo angeeckt und mangels eines Profils auch keinem Wähler unangenehm aufgefallen zu sein. So hat uns der Himmel Anja Karliczek geschenkt. Und die hat sich nun einen Namen damit gemacht, dass es ihr egal ist, ob Deutschland neben vielen weniger entwickelten Ländern irgendwann auch über den modernsten Mobilfunkstandard verfügt.

Die Ministerin teilte mit, es gäbe beim Ausbau des Mobilfunknetzes keinerlei Eile: "5G ist nicht an jeder Milchkanne notwendig", bügelte Karliczek Klagen über Funklöcher und langsame Handynetze ab. Damit hat die mit ihrem Amt überfordert wirkende Bundestagsabgeordnete sogar den Parteienstaat gegen sich aufgebracht. Und eigentlich müsste sie es besser wissen, Denn die Kauffrau, die einer alten westfälischen Hoteliersfamilie entstammt, gehört zu der aussterbenden Spezies jener Berufspolitiker, die vor ihrer steuerzahlerfinanzierten Laufbahn auf eigenen Füßen gestanden haben. Sie besitzt eine abgeschlossene Bankausbildung und war viele Jahre in leitender Stellung für den familieneigenen Hotelbetrieb tätig.

Es ist also beileibe nicht so, dass die Bundesbildungsministerin keine Ahnung davon hätte, wie die Welt außerhalb der All-inclusive-Versorgung des Berliner Bunkers aussieht. Offenbar verblassen die gesammelten Erfahrungen aus dem wirklichen Leben jedoch mit jedem Tag im Bundestag etwas mehr. Es ist schon bemerkenswert, dass ausgerechnet die Bildungsministerin ein modernes Handynetz für entbehrlich hält. Dabei darf es keinesfalls als Entschuldigung gelten, dass es über weite Strecken ihrer beruflichen Tätigkeit mit dem Mobilfunk in Deutschland nicht weit her war. Denn die Bürger sind längst im 21. Jahrhundert angekommen, und auch der Bauer mit der Milchkanne mag weder auf ein modernes Netz noch auf ein flottes Internet verzichten, das Karliczek wohl ebenfalls für nachrangig halten dürfte.

Aus der flapsigen Bemerkung der Ministerin spricht nicht nur eine erschreckende Rückwärtsgewandtheit, sondern auch eine Geringschätzung des ländlichen Raums. Gerade als Kind vom Land sollte sie sich dafür einsetzen, dass Deutschland beim Mobilfunk endlich Anschluss ans internationale Mittelfeld findet. Man muss sich nicht einmal in ländliche Regionen verirren, um die Widersprüchlichkeit eines modernen Industriestaates zu erleben, der zwar mit viel Eifer Windräder in die Wälder pflanzt und dabei alle Bedenken von Anwohnern und Naturschützern ignoriert, aber nur zögerlich Mobilfunkmasten aufstellt, weil er eine nicht belegte Gefährdung vermutet.

Die Äußerung der Bundesbildungsministerin steht sinnbildlich für den Politikbetrieb unserer Zeit, so sehr Regierungs- und Oppositionskollegen sich auch empören mögen. Die Leitlinien der Politik werden nicht mehr vom gesunden Menschenverstand, den wirtschaftlichen Notwendigkeiten oder dem Gemeinwohl bestimmt, sondern von Ideologien und übergeordneten Masterplänen, in denen nationale Interessen sich einem größeren Ganzen unterzuordnen haben. Was auf der Strecke bleibt, sind notwendige Investitionen in die eigene Infrastruktur, weil das Geld zur Erfüllung des Brüsseler Größenwahns, irrer UN-Vorgaben und wahnwitziger "Wendepläne" benötigt wird. Irgendwie ist es aber konsequent: Wer braucht moderne Kommunikationsnetze, wenn die freie Meinungsäußerung doch zunehmend unerwünscht ist und die Verbreitung von Informationen als gefährlich gilt?

Neues von der Islamkonferenz
Nicht genug Extrawürste auf dem Speiseplan

Es gibt Menschen, die den Sinn der sogenannten Islamkonferenz in erster Linie darin sehen, das Aufmerksamkeitsdefizit-Syndrom türkischer Islamverbände zu behandeln. Die jüngsten Reaktionen auf die Buffetauswahl bei der 12. Islamkonferenz zeigen, dass sie damit recht haben könnten. Das Buffet war kaum eröffnet, da twitterten die ersten Teilnehmer empört, man hätte ihnen Blutwurst angeboten. Wein, Speck und Tartar würden gar gereicht, erzürnten sich andere. Schnell verbreitete sich Nachricht – und das Netz "brannte". Befeuert wurde der Schwelbrand von Deutschlands Journalisten, die nicht etwa darauf hinwiesen, dass bei einem Dutzend verschiedener Häppchen für jeden etwas dabei gewesen sein dürfte, sondern die Agenda der muslimischen Influencer eiligst bedienten.

Während das Speisenangebot des Bundesinnenministeriums für die Frankfurter Rundschau "ein böser Witz" war, stellte die FAZ die Frage, ob Horst Seehofers Ministerium genug "Respekt vor den Gewohnheiten der Muslime" habe. Und die WELT meinte süffisant, "auch ohne den Koran intensiv studiert zu haben, sollte man eigentlich wissen, dass für viele Muslime der Verzehr von Schweinefleisch und blutigen Speisen ein Tabu ist". Dankbar ergriffen die Redaktionen die Gelegenheit, den ungeliebten Innenminister in die Pfanne zu hauen, weil dieser sich dem Islam nicht im gewünschten Maße angedient hatte.

Seehofers Ministerium entschuldigte sich prompt für den Fauxpas, der keiner war. Es ist beschämend, dass Regierungspolitiker Abbitte dafür leisten, muslimischen Konferenzteilnehmern den Anblick von Speisen und Getränken zugemutet zu haben, die diese nicht mögen. Doch anders, als man angesichts des Aufschreis vermuten könnte, wurde keiner der Gäste zwangsernährt. Es war also ein Leichtes für alle anwesenden Muslime, wie auch für alle Abstinenten, Laktoseintoleranten und Veganer, einen Bogen um all das zu machen, was ihnen nicht behagte. Das hätte jedenfalls ein Normaldenkender getan. An Normalität ist den Krakeelern jedoch nicht gelegen. Wer sich an einer Blutwurst abarbeitet, um die vermeintliche Wichtigkeit seiner Religion zu demonstrieren, führt in Wahrheit einen Kulturkampf, um die Gesellschaft, in der er lebt, radikalen religiösen Vorstellungen zu unterwerfen.

Politik und Medien haben diesen Weg bereits so weit beschritten, dass vieles unumkehrbar erscheint. Um zu verstehen, warum sie dies tun, genügt es nicht, sich die Bedrohungslage vor Augen zu halten, die ein selbstbewusster Umgang mit dem Islam heraufbeschwört. Es ist vielmehr die außer Kontrolle geratene politische Korrektheit, die religiösen Eiferern ermöglicht, ihre Intoleranz allen anderen aufzuzwingen. Sie haben ihren Marsch durch die Institutionen angetreten und werden bald nicht mehr nur in Islamverbänden wirken, sondern auch im Rundfunk, in den Parlamenten und im Rechtswesen. Spätestens dann können sie das Land nach Belieben steuern.

Man stelle sich vor, der Vegetarierbund hätte einen derartigen Zirkus veranstaltet. Auch diesem wäre der donnernde Applaus von der Pressetribüne sicher, doch käme im Traum kein Politiker mit einem Funken Verstand auf die Idee, sich anschließend entschuldigen zu müssen. Bei den Islamverbänden ist das anders. Vor ihnen und vor ihren mächtigen Hintermännern fürchten sich die Regierenden. Es ist daher wenig verwunderlich, dass es sich kein führender Politiker mit ihnen verderben will. Und auch aus der zweiten und dritten Reihe räuspert sich nur, wer Personenschutz in Kauf zu nehmen bereit ist. Die türkischen Islamverbände haben derweil wieder einmal erreicht, worum es ihnen geht: Sie stehen im Mittelpunkt der Debatte und suhlen sich in ihrer Opferrolle. Täter sind dabei alle, die den Islam nicht für den Nabel der Welt halten. Schon deshalb ist der Kotau des Ministeriums ein fatales Signal.

Im arabisch-orientalischen Raum gilt es übrigens als Affront, die Speisen seines Gastgebers abzulehnen oder gar zu kritisieren. Umgekehrt nimmt man sich dieses Recht offensichtlich gerne heraus. Die Speisekarte für die kommende Islamkonferenz wird nun wohl mit den Islamverbänden abgestimmt. Vielleicht auch die zulässige Bekleidung der weiblichen Teilnehmer. Und irgendwann womöglich der gesamte Ablauf, der in nicht allzu ferner Zukunft das gemeinsame islamische Gebet zwingend vorsehen könnte. Oder findet sich etwa am Ende doch noch eine Regierung, die bereit ist, die Errungenschaften der Aufklärung zu verteidigen? Inshallah!

Ausgemerzt
Das System Merkel entledigt sich seiner Widersacher

Der Machtkampf in der CDU ist entschieden. Es ging um nicht weniger als die zukünftige Ausrichtung der Partei. Nun ist klar: Die CDU bleibt, wo sie ist, nämlich links der Mitte und nah bei den Grünen. Statt eines Aufbruchssignals sendeten rund 1.000 Delegierte eine devote Grußadresse an Angela Merkel, deren Kammerzofe das Amt weiterführen darf. Nach 18 Jahren bekommt die ehemals große Volkspartei zwar eine neue Chefin, doch Annegret Kramp-Karrenbauer ist nur der halbherzige Versuch einer geschundenen Partei, sich zu erneuern. Zu viel Angst hatte man offenbar davor, mit Friedrich Merz die Machtoption einer schwarz-grünen Koalition zu gefährden.

Den Delegierten dürfte außerdem bewusst gewesen sein, dass Merkels Tage als Kanzlerin mit einem Vorsitzenden Merz gezählt gewesen wären. Der Abgetretenen war die Erleichterung über den Wahlausgang denn auch deutlich anzusehen. Euphorisch fiel sie Kramp-Karrenbauer um den Hals. Es schien, als hätte sie sich am liebsten gleich auf der Bühne eine Flasche Sekt gegönnt. Die Sektkorken dürften anderswo umso dafür lauter geknallt haben: Denn für die AfD hätte es keinen besseren Wahlausgang geben können. Lange Gesichter hingegen bei der SPD-Führung, die insgeheim gehofft haben dürfte, sich künftig an der "Heuschrecke" Friedrich Merz reiben und in der Wählergunst endlich wieder steigen zu können.

Nun also heißt die Vorsitzende Kramp-Karrenbauer. So sehr sich die Saarländerin um ein eigenes Profil bemüht, ist sie doch nicht mehr als eine politische Miniaturausgabe Merkels. Zwar kündigte "AKK" im öffentlich-rechtlichen Rundfunk an, der Kanzlerin "Paroli bieten" zu wollen, schränkte aber zugleich ein, so viel Ungehorsam nur dort zu wagen, "wo es notwendig ist". Genügend Spielraum also, um sich anschließend herauszuwinden. Denn selbstverständlich wird die neue CDU-Vorsitzende nichts gegen den Willen ihrer Herrin tun. Dass sie das Thema Migration innerhalb der CDU zur Debatte stellen möchte, ist ebenso wenig als Kursänderung zu werten.

Nach der Unterzeichnung der Vereinbarungen zur weltweiten Migrations-und Flüchtlingspolitik ist es ohnehin egal, was "AKK" oder ihre CDU zur Migration zu sagen haben. Das Thema wird letztlich durch Merkels Unterschrift an Nichtregierungsorganisationen und die UN delegiert. Ernster muss man da schon Kramp-Karrenbauers Ambitionen auf die Kanzlerschaft nehmen, zumal Merkel bereits großzügig ihren Verzicht auf eine fünfte Amtszeit angekündigt hat. Indessen scheint eine andere Personalie fast noch interessanter: Zum neuen Generalsekretär wurde der bisherige Vorsitzende der Jungen Union, Paul Ziemiak, gewählt – auf Vorschlag Kramp-Karrenbauers. Der eher dem konservativen Lager zuzurechnende 33-Jährige wird damit ausgerechnet unter jener Frau dienen, die er nicht nur beerbet, sondern deren Mentorin Merkel er wiederholt scharf kritisiert hat.

Was zunächst wie ein Widerspruch erscheint, folgt einem altbekannten Herrschaftsprinzip. Es war ein geschickter Schachzug des Merkel-Lagers, den JU-Vorsitzenden zur Kandidatur für den Posten des Generalsekretärs zu überreden. Friedrich Merz hingegen scheint eben jene Tatsache zum Verhängnis geworden zu sein, die ihm viele bereits kurz nach der Ankündigung seiner Kandidatur vorhielten: Er ist zu lange raus aus der Politik, verfügt zwar über hervorragende Netzwerke außerhalb der Partei, hat aber keinen echten Bezug zur Basis und zum Nachwuchs, ohne den eben nichts geht. Kramp-Karrenbauer hat sich mit dem ausgelegten Köder für Ziemiak nicht nur dessen Unterstützung gesichert, sondern wohl auch die entscheidenden Stimmen aus seinem Delegiertenumfeld.

Merz hätte auf diese Karte setzen müssen und womöglich leichtes Spiel gehabt. Tragisch, dass ein gewiefter Stratege an einer so einfachen Aufgabe scheitert. Oder war die Niederlage kalkuliert? Es ist immerhin vorstellbar, dass Merz den Chefsessel gar nicht haben wollte. Wer einmal die Erfahrung führender Parteiämter gemacht hat, muss schon mit Masochismus geschlagen sein, um sich den Vorsitz anzutun. Sollte der Ex-Fraktionschef der Union aber darauf setzen, allein durch seinen Antritt auch ohne Amt als Kanzlerkandidat zum Zug zu kommen, könnte er sich verrechnet haben. Das gilt auch für den politischen Opportunisten Paul Ziemiak: Irgendwann ist selbst das System Merkel einmal Geschichte. So mancher wird sich dann an den 7. Dezember 2018 erinnern.

Das "Fachkräfte-Zuwanderungsgesetz"
Macht es doch endlich wie Kanada!

Die "Große Koalition" ringt um das wichtigste Vorhaben der Legislaturperiode. Endlich scheint Bewegung in die Sache zu kommen. Hatte man sich zunächst auf einen Entwurf geeinigt, der Unqualifizierten aus Staaten außerhalb der Europäischen Union Tür und Tor geöffnet hätte, so soll die jüngste etwas Verabredung restriktiver ausfallen. Vorausgegangen war der Brandbrief führender Unionspolitiker, die davor warnten, mit einem zu lax formulierten Einwanderungsgesetz das Gegenteil einer gezielten Fachkräfteanwerbung zu provozieren. Pech für den "Sachverständigenrat deutscher Stiftungen für Migration" (SVR), der verfrüht darüber gejubelt haben könnte, dass Hunderttausende Nicht-EU-Migranten ohne jede Ausbildung per Gesetz nach Deutschland gelotst werden.

Damit wäre das Asylrecht zugunsten einer ungehinderten Einwanderung de facto abgeschafft worden. Die Auswirkungen der seit 2016 geltenden Sonderregelung für die Westbalkan-Staaten lassen erahnen, was dies heißen würde: 18.000 unqualifizierte Arbeitsmigranten kamen allein im Jahr 2017 von dort. Man mag noch nicht recht daran glauben, dass sich die Politik dem Diktat der Nichtregierungsorganisationen zu widersetzen vermag. Aber auch so ist der Entwurf viel zu kurz gesprungen. Denn zu einem Punktesystem nach kanadischem Vorbild konnte sich die Koalition bisher nicht durchringen.

Ausgerechnet die Grünen versuchen sich mit dieser alten FDP-Forderung nun zu profilieren. Immerhin besteht damit ein wenig Hoffnung, dass deren öffentlich-rechtliche Mitarbeiter das Vorhaben unterstützen werden und eine breite Debatte darüber in Gang kommt. Davon sind wir aktuell jedoch weit entfernt. Bisher sieht der Gesetzentwurf vor, neben Fachkräften mit einer abgeschlossenen Berufsausbildung Nicht-EU-Migranten bis zum Alter von 24 Jahren die Einreise zu erlauben, um hier eine Ausbildung anzustreben. Nachweisen müssen sie gute Deutschkenntnisse und einen Schulabschluss an einer deutschen Auslandsschule oder einen Abschluss, der zum Hochschulzugang berechtigt. Für Länder, die einen erheblichen Anstieg offensichtlich unbegründeter Asylanträge aufweisen, sollen Zugangssperren verhängt werden können. Ein Kindergeldanspruch soll während der Arbeits- oder Ausbildungsplatzsuche ausgeschlossen sein.

Die ohne Anforderungen an Qualifikation und Deutschkenntnisse geltende Regelung für den Westbalkan läuft allerdings wie geplant bis Ende 2020 weiter. Auch in den kommenden beiden Jahren werden Zehntausende Ungelernte aus Albanien, Bosnien-Herzegowina, dem Kosovo, Mazedonien, Montenegro und Serbien zu uns gelangen. Gerade an der Entwicklung dieser sechs Balkan-Staaten kann man ablesen, dass der Verzicht auf jegliche Einreisebeschränkungen die unqualifizierte Migration in besonderem Maße fördert, da sie Wirtschaftsmigranten von der lästigen Pflicht entbindet, sich Asylgründe auszudenken.

Sogar die Experten des Migrationsrates stellen fest, es sei "empirisch bislang nicht belegt", dass sich die irreguläre durch legale Migration reduzieren lasse, ein Dogma, von dem uns die Kanzlerin unnachgiebig zu überzeugen versucht, um ihr Handeln zu rechtfertigen. Die Behauptung steht im Zentrum der Begründung Merkels für die Notwendigkeit des Migrationspaktes. Immerhin sollen mit einem Einwanderungsgesetz nun Regelungen geschaffen werden, die endlich anerkennen, dass der überwiegende Teil der Zuwanderer aus wirtschaftlichen und nicht aus Asylgründen den Weg zu uns sucht. Doch solange kein Gesamtkonzept für die Steuerung der Arbeitsmigration vorliegt, wird es wohl kaum möglich sein, den Mangel an Fachpersonal zu beheben.

Wer wirklich an einer Lösung interessiert ist, wird nicht um ein Einwanderungsgesetz mit Punktesystem herumkommen. Jeder, der weniger will, muss sich vorwerfen lassen, dass es ihm nicht um die Behebung des Fachkräftemangels geht. Der Migrationsrat räumt denn auch freimütig ein, dass er sich in erster Linie eine Entlastung des Asylsystems erhofft, und verweist auf die positiven Effekte der Geldüberweisungen von Migranten in die Heimat, wohl wissend, dass diese sich zu einem guten Teil aus den hierzulande erhaltenen Transferleistungen speisen. Die Dritte Welt zu uns zu holen, statt die Strukturen vor Ort zu verbessern, ist aber ein zum Scheitern verurteiltes Entwicklungshilfekonzept. Fatalerweise fußen darauf nicht nur die jüngsten UN-Vereinbarungen.

Aktivisten statt Journalisten
Warum die Millennials in den Medien schädlich sind

Schlimmer hätte es für den SPIEGEL nicht kommen können. Die Kampfpostille der Linken musste nun öffentlich einräumen, dass einer seiner Stars nichts weiter ist als ein skrupelloser Betrüger, der reihenweise Reportagen erfunden hat. Peinlich für die Redaktion, die so gerne mit dem Finger auf andere zeigt. Erinnerungen werden wach an die gefälschten Hitler-Tagebücher, mit denen der STERN 1983 baden ging. Doch der aktuelle Skandal hat eine viel größere Dimension, weil er in vielerlei Hinsicht aufzeigt, warum die Branche so in Verruf geraten ist. Und nicht zufällig ist es einer der Millennials, also einer um die 30, der dabei ertappt worden ist, sich mit gefälschten Geschichten den schnellen Ruhm ergaunert zu haben.

Die Generation der in den letzten beiden Jahrzehnten des vergangenen Jahrhunderts Geborenen ist mit der verrückten Vorstellung aufgewachsen, dass einen Freifahrtschein besitzt, wer auf der "richtigen Seite" steht. Eine irre Politik, die die Political Correctness zur Staatsräson erhoben hat und Wertesysteme als Diskriminierung brandmarkt, hat ihr vermittelt, unrecht sei, was nicht links ist. Wer für die "gute Sache" unterwegs ist, darf sich alles erlauben, von Mord und Totschlag einmal abgesehen. Nicht zufällig besteht die Berichterstattung unserer Zeit vornehmlich aus einer Ansammlung linker Hetze, diffamierender Zurechtweisungen und oberlehrerhafter Kommentierungen.

Die Journaille nennt dies zwar immer noch Nachrichten, aber schon das selten fehlende Selbstlob, Haltung zu zeigen, entlarvt sie. Haltung hat auch Claas Relotius gezeigt, der enttarnte SPIEGEL-Lügner mit dem Namen, der zu Waldorfschule und antiautoritärer Erziehung passt, wie die Faust aufs Auge. Reihenweise hatte er Preise abgeräumt. Die selbstreferentielle Kaste der Medien feiert nun mal gerne jene Mitglieder, die der Herde den Weg weisen. Geschichten, die die Welt in den gewünschten Farben malen, werden ungeprüft ins Blatt gehoben und dürfen unwidersprochen über den Bildschirm flimmern. Wer sich dabei als Gutmensch besonders hervortut, steigt auf der Karriereleiter schnell auf.

Erinnert sei an dieser Stelle an die Lügengeschichte der Frankfurter Rundschau aus dem Jahr 2016, als einer ihrer Millennial-Schreiber den Hergang eines Autounfalls zur tränenrührenden Retter-Geschichte aufmotzte, in der angeblich syrische Flüchtlinge einem verunglückten Funktionär einer rechtsextremen Partei das Leben gerettet hatten. Ich deckte den Schwindel damals auf, doch die weltweite Berichterstattung über das Rührstück war nicht mehr zu stoppen. Obwohl selbst die WELT anschließend großformatig darüber berichtete, dass die syrischen Retter frei erfunden waren, hatte der Redakteur der Frankfurter Rundschau sein Ziel erreicht: Die Lüge blieb in den Köpfen hängen und war ein Mosaiksteinchen der Willkommenskultur, die nur gute Zuwanderer und böse Kritiker kannte.

Der neuerliche Presseskandal könnte sich noch ausweiten: Relotius schrieb nicht nur für das Hamburger Magazin, sondern für viele weitere namhafte Blätter. Tatsächlich finden Chefredakteure im schnelllebigen Medienzeitalter keine Muße mehr, sämtliche Stories zu hinterfragen. Allerdings scheint dies nur für Geschichten zu gelten, bei denen das eigene Weltbild bedient wird. Während erfundene Hetzjagden auf Asylbewerber sofort den Weg in die Presse finden und wochenlang für gutmenschliche Apelle, Warnungen vor rechtem Populismus und Forderungskataloge an die Politik dienen, landen Messerstechereien, bei denen Islamisten auf Unschuldige losgehen, erst einmal in der Warteschleife, bis exakt geklärt ist, ob der Täter nicht vielleicht einen Nachbarn hatte, der ihn für verrückt hielt, oder die Opfer den Messerstecher nicht doch mit ungebührlichem Verhalten provoziert haben könnten.

So lange bleibt man im Ungefähren, um möglichst lange zu verschleiern. Relotius bediente diese Agenda perfekt. Dass viele weitere Lügenreporter in Deutschlands Medien unterwegs sind, lässt die Art der Berichterstattung erahnen. Sie zwingen uns ihre einseitigen Geschichten über die Zuwanderung, den Klimawandel, die Energiewende und den angeblich kurz vor der Machtergreifung stehenden Rechtsextremismus auf. Damit sie mit ihrem sogenannten Haltungsjournalismus immer seltener durchkommen, werden Freie Medien wie die Liberale Warte auch künftig alles daran setzen, die Wahrheitsverdreher in den Redaktionen zu überführen.

Öffentlich-rechtliche Gier
Immer mehr Geld für immer mehr Propaganda

Wenn jemand ein sicheres Gespür für Unangemessenes zur Unzeit hat, sind es die Vertreter des öffentlich-rechtlichen Rundfunks. Treffsicher facht die aktuelle Kampagne der Chefs von ARD und ZDF die abklingende Empörung über den Fall Relotius neu an. Hatte der SPIEGEL unter dem Druck der unmittelbar bevorstehenden Veröffentlichung ausländischer Medien gerade erst spektakulär einräumen müssen, dass zahlreiche Artikel seines Vorzeige-Journalisten getürkt waren, treten nun die vielfach der manipulativen Berichterstattung überführten Staatssender mit ihrer Forderung auf den Plan, den Rundfunkbeitrag kräftig zu erhöhen.

Am liebsten wollen sie ihn an die künftige Inflationsentwicklung koppeln. Das wünschten sich auch viele Beschäftigte mittelständischer Betriebe für ihre Lohn- und Gehaltszahlungen. Den öffentlich-rechtlichen Zwangsbeglückern scheint jedes Maß verloren gegangen zu sein. Und jegliches Gefühl für Anstand. Sie begründen ihren Vorstoß allen Ernstes mit der intelligenzbeleidigenden Behauptung, ohne Erhöhung sei "das Qualitätsniveau auf keinen Fall zu halten". Als Zuschauer und Zuhörer von ARD, ZDF und Deutschlandradio fühlt man sich da angesichts eines Beitragsaufkommens von 9 Milliarden Euro nicht nur ausgenommen wie die gerade erst verdaute Weihnachtsgans, sondern auch auf den Arm genommen.

Wenn noch mehr Geld also das derzeitige Niveau der Berichterstattung sichern soll, dann kann man eigentlich nur für eine kräftige Beitragssenkung plädieren, die im Umkehrschluss segensreich für die Arbeit des staatlichen Rundfunks sein müsste. Dies nicht zuletzt, weil ein geringeres Beitragsvolumen die Verantwortlichen endlich zum Haushalten zwingen würde. Keine Millionengräber mehr durch öffentlich-rechtliche Prestigeprojekte, kein zusätzlicher Wildwuchs an Sendern, keine weitere Verschwendung des Jahresbudgets für aberwitzig überteuerte Sportevents und schwindelerregende Künstlergagen. Und auch die Dotierung der Führungsgehälter käme dann vielleicht einmal auf den Prüfstand. Last but not least, wären die Mittel für die Finanzierung öffentlich-rechtlicher Belehrungsfilme deutlich knapper, was dem Niveau des Programms ebenfalls zugutekäme.

Für die Rundfunkmacher wäre es aber wohl kaum auszuhalten, wenn ein Tatort tatsächlich einfach nur ein Krimi wäre, in dem die Bösen auch mal Ausländer sein könnten und Täter nicht grundsätzlich im rechten Milieu verankert wären. Schrecklich wäre wohl die Vorstellung, auch mal andere als die für ihre Regierungstreue mit lebenslanger öffentlich-rechtlicher Bildschirmpräsenz belohnten Darsteller aufzubieten. Aber lassen wir das Träumen von besseren Zeiten. Der Rundfunkbeitrag wird ab 2021 Jahr für Jahr steigen. Dafür werden die von den Journalisten abhängigen Berufspolitiker sorgen, die längst auch ihre Diäten mit einer Inflationsdynamik versehen haben.

Während ZDF-Intendant Thomas Bellut zu beschwichtigen versucht, die Erhöhung werde "bedarfsgerecht und verantwortungsbewusst" ausfallen, droht sein ARD-Kollege Ulrich Wilhelm mit einer Verfassungsklage, um ans Geld der Beitragszahler zu kommen. Als Vorsitzende des ZDF-Verwaltungsrates hält die rheinland-pfälzische Ministerpräsidentin Dreyer unterdessen eine "moderate Beitragsanpassung" für geboten. Wenig überraschend, streichelt die Berufspolitik ihre Hofberichterstatter. Den Preis bezahlen die Bürger. Dabei gibt Bellut zu, dass das vor Jahren versprochene Sparen immer noch nicht so recht in Angriff genommen worden ist: "Wir arbeiten daran, das vereinbarte Sparprogramm umzusetzen, und haben mit der ARD konkrete Schritte der besseren Zusammenarbeit fixiert."

So klingt es, wenn im Grunde noch nichts passiert ist und man sich in einer Sackgasse befindet. Hintergrund der geforderten Beitragserhöhung dürfte übrigens sein, dass die ARD-Pensionskasse beim jüngsten Stresstest durchgefallen ist. Im Klartext: Die ARD kann die infolge des unappetitlich hohen Gehaltsniveaus ihrer Führungsriege anfallenden Pensionszahlungen bald nicht mehr aufbringen. Die Beitragszahler werden zur Kasse gebeten, um nicht etwa das Programmniveau zu sichern, sondern das Pensionsniveau der ARD-Millionäre. Man braucht den Rundfunkbeitrag gar nicht grundsätzlich abzulehnen, um festzustellen, dass die teuflische Allianz aus Politik und Medien einmal mehr erlebbar wird.

Die Lüge als Machtinstrument

Was für eine Bescherung! Unser "Sturmgeschütz der Demokratie", so die arrogante Selbsteinschätzung des SPIEGEL in besseren Zeiten, musste eingestehen, dass die Reportagen seiner vielfach preisgekrönten Edelfeder Claas Relotius nicht viel mit der Realität zu tun haben. Sie sind, um es neudeutsch auszudrücken, Fakes. Freilich war die vielgelobte Offenbarung nicht ganz freiwillig. Wochenlang galt Kollege Juan Moreno, der versucht hatte, hausintern auf die Fälschungen aufmerksam zu machen, als ein lästiger Störenfried. Erst als klar war, dass es im Ausland eine Enthüllung der Fake-Stories geben würde, entschloss sich das Magazin zur Vorwärtsverteidigung.

Nun wird von den Qualitätsjournalisten eifrig in die Tasten gehauen, um den nächsten Fake, bei Relotius handele es sich um einen Einzelfall, in die Köpfe der Medienkonsumenten zu hämmern. Dabei ist das Gegenteil der Fall. In Merkel-Deutschland ist die Lüge ein Machtinstrument. Relotius hat nur mit viel Phantasie und Schreibtalent die Norm erfüllt, die von der Kanzlerin selbst immer wieder vorgegeben wird. Erinnern wir uns an zwei gravierende Beispiele. Hier das erste: Im August dieses Jahres wurde Chemnitz aufgrund eines Wackelvideos der "Antifa Zeckenbiss" von der Kanzlerin und ihrem Regierungssprecher Steffen Seibert weltweit an den Medienpranger gestellt mit der Behauptung, es hätte in der Stadt "Hetzjagden" auf Ausländer gegeben. An dieser Legende wird eisern festgehalten, obwohl inzwischen alle Tatsachen, die beweisen, dass die Verleumdung nichts mit der Realität zu tun hat, bekannt geworden sind.

Am 29.08.2018 berichtete der TAGESSPIEGEL online: *"Chemnitz wurde zwei Abende in Folge von Gewalt erschüttert. Tausende rechte Demonstranten machten am Montagabend Jagd auf Migranten, Journalisten und Gegendemonstranten."* Gegen diese Falschbehauptung hat sich ein Dresdner Bürger erfolgreich zur Wehr gesetzt. Der Beschwerdeausschuss des Presserates kam mit Entscheidung vom 06.12.2018 zu dem Ergebnis, dass TAGESSPIEGEL online mit der streitgegenständlichen Veröffentlichung gegen die journalistische Sorgfaltspflicht nach Ziffer 2 des Pressekodex verstoßen hat. Allerdings soll der TAGESPIEGEL sich weigern einzugestehen, dass er einen Fehler gemacht hat. Schließlich hält auch die Kanzlerin an ihrer Aussage fest. Mir ist kein demokratisches Staatsoberhaupt bekannt, das, wie Merkel, sein eigenes Volk vor der Welt verächtlich gemacht hat. Im Vergleich damit ist Relotius ein kleines Licht. Alle Mainstream-Medien sind auf die Chemnitz-Story aufgesprungen. Wenn sie eingestehen würden, ohne Prüfung einem Fake aufgesessen zu sein, müssten sie den größten Medienskandal dieses Jahrhunderts eingestehen. Dazu sind sie weder bereit, noch fähig. Also wird weiter so getan, als wäre in Chemnitz tatsächlich geschehen, was fälschlich behauptet wurde.

Das zweite Beispiel ist die Berichterstattung über den UN-Migrationspakt. Nachdem die offenbar bevorzugte Taktik, Stillschweigen darüber zu bewahren und ihn hinter dem Rücken der Öffentlichkeit anzunehmen, gescheitert ist, wurde die Legende in die Welt gesetzt, der Pakt sei rechtlich nicht bindend und gut für Deutschland, weil er alle anderen Länder dazu verpflichte, deutsche Standards in der Versorgung von Migranten einzuhalten. Man machte sich weder die Mühe zu erklären, warum alle anderen Länder zu etwas verpflichtet sein sollten, wenn der Pakt rechtlich nicht bindend ist, noch wie die ärmeren Länder der EU Migranten nach deutschem Standard versorgen können sollen, wenn Hartz IV über dem Durchschnittslohn liegt, der in diesen Ländern erarbeitet werden kann.

Stattdessen wurde mit einem massiven Propagandafeldzug die Botschaft verbreitet, dass alle berechtigte Kritik am Pakt Hass, Hetze und Falschinformation sei. Trotzdem wurde der Widerstand so stark, dass der Bundestag, was ursprünglich nicht geplant war, sich mit dem Pakt beschäftigen musste. Er war sogar gezwungen, einen Entschließungsantrag zu verabschieden, in dem die rechtliche Unverbindlichkeit des Paktes festgeschrieben wurde. Der Entschließungsantrag soll wohl ins Englische übersetzt und UN-Generalsekretär António Manuel de Oliveira Guterres zugeschickt worden sein. Angeblich ist dieses Verfahren wirkungsvoller, als eine Protokollnotiz gleichen Inhalts, die dem Pakt beigefügt worden wäre.

Allerdings stellte sich am Tag der feierlichen Verabschiedung bereits heraus, dass der Pakt von der EU als rechtlich verbindlich angesehen wird. Kanzlerin Merkel, im Bundestag darauf angesprochen, konterte, wenn der Pakt von der UN-Generalversammlung angenommen werde, sei er für alle UN-Mitglieder verbindlich, auch für diejenigen, die den Pakt ablehnen würden. Die Behauptung, der Pakt sei rechtlich nicht verbindlich war demnach eine regierungsamtliche Falschmeldung. Da man kaum annehmen kann, dass die Kanzlerin erst in Marrakesch über die rechtliche Verbindlichkeit informiert wurde, war es allem Anschein nach eine bewusste Fehlinformation.

Am Tag nach der Verabschiedung des Migrationspaktes wurde von den Merkel-Medien eine Meldung breit lanciert, die Ablehnung des Migrationspaktes in den sozialen Medien ginge hauptsächlich auf sogenannte Bots zurück. Darunter versteht man automatisierte Programme, die sich in den sozialen Netzwerken als Menschen ausgeben und deren Verhalten imitieren. Wenn sie massiv auftreten, können sie das Meinungsklima beeinflussen. Ein kleines Berliner Unternehmen hat den angeblichen großen Schwindel aufgedeckt. Allerdings wurde von Experten sofort die Seriosität der präsentierten Studie angezweifelt. Das Unternehmen weigerte sich, die Studie insgesamt einsehbar zu machen. Trotzdem wurde die "Analyse" von zahlreichen Medien aufgegriffen und als Tatsache präsentiert. Die Berichterstattung entfaltete beträchtliche politische Wirkung.

Das Unternehmen, Botswatch, hat engste Verbindungen zur CDU. Im Mai 2018 war seine Geschäftsführerin zu einem nichtöffentlichen Gespräch über künstliche Intelligenz im Bundeskanzleramt eingeladen. Sie ist CDU-Mitglied und Mitglied im C-Netz, einem Netzpolitikverein, der CDU und CSU nahesteht. Zwei der fünf Mitglieder des "Advisory Boards" von Botswatch sind ebenfalls in der CDU. Zu den Beratern des Unternehmens gehört der bestens vernetzte PR-Fachmann Axel Wallrabenstein, der sich selbst als "Merkel-Fan" bezeichnet, sowie der christdemokratische Bundestagsabgeordneten Kai Whittaker, der Merkel-Kritiker mit "Säuen" verglich, die sich "im Dreck suhlen", wie die NZZ am 13.12.2018 in einem Artikel schrieb, der sich mit Botswatch befasste. Wieder erfolgte die Aufdeckung der Zusammenhänge im Ausland.

Zurück zum SPIEGEL. Eine andere seiner "Edelfedern", der durch seinen Hahnenkamm berühmte Blogger, Buchautor, Journalist und Werbetexter Sascha Lobo, plädiert offen dafür "falsche Zweifel" nicht zuzulassen. Wer die richtige Gesinnung hat, heißt das, kann auf Zweifel verzichten. Und Georg Restle, Leiter und Moderator des Politmagazins "Monitor" plädiert offen für einen "werteorientierten" Journalismus. Wörtlich twitterte er: *"Journalismus im Realitätswahn – Warum wir endlich damit aufhören sollten, nur abbilden zu wollen, 'was ist'."* So ist der nächste "Betrugs"-Fall vorprogrammiert. Der Fehler von Claas Relotius war es nicht, politisch korrekte Märchen zu erfinden, sondern sich erwischen zu lassen.

Hexenjagd

BoD-Verlag, Norderstedt (€ 11,90)

Die Demokratien der westlichen Welt befinden sich im Umbruch. Viel zu lange waren sie Spielball alteingesessener Parteien, die sich den Staat zur Beute gemacht haben. Wo immer heute Wahlen stattfinden, erhalten daher diejenigen Zulauf, die einen Neuanfang versprechen. In den Vereinigten Staaten, in Frankreich und in Österreich bekam die Kaste der etablierten Berufspolitik von den Wählern gar die "Rote Karte" gezeigt. Auch hierzulande ist das Rumoren deutlich zu vernehmen. Es reichte bei der Bundestagswahl zum schlimmsten Debakel, das eine Regierungskoalition je erlebt hat

Auf die wachsende Zahl ihrer Kritiker reagiert die Berufspolitik mit Diffamierungskampagnen und Ausgrenzungsappellen. Wo schon das Hinterfragen der veröffentlichten Meinung einer Gotteslästerung gleichkommt, gilt erst recht als Ketzer, wer sich dem Mainstream-Diktat nicht unterwirft. Inzwischen soll ein Einschüchterungs- und Zensurgesetz Andersdenkende zum Schweigen bringen, damit das Wahrheitsmonopol von Politik und Medien nicht fällt. Wir erleben die Hexenjagd eines politmedialen Kartells, das in seinem verzweifelten Kampf gegen Meinungsabweichler jede Glaubwürdigkeit verspielt hat.

Mit einem Gastbeitrag der Bürgerrechtlerin und langjährigen Bundestagsabgeordneten VERA LENGSFELD.

Hexenjagd **erhalten Sie im Buchhandel und in sämtlichen Online-Shops. Holen Sie sich den Bestseller des Erfolgsautors Ramin Peymani zum Zustand unserer Gesellschaft.**

Und das meinen die Leser:

"Dieses Buch ist eine der besten Zusammenfassungen deutscher Befindlichkeiten."

"Ich betrachte es als persönlichen Glücksfall und Gewinn, dass ich in einem bekannten sozialen Netzwerk auf Ramin Peymani aufmerksam geworden bin."

"Wunderbar, wie ein Deutscher mit Migrationshintergrund uns den Spiegel vorhält und uns ermahnt, unsere kulturellen Werte vor den Feinden der Freiheit zu verteidigen."

"Ausgezeichnet ist bereits das Vorwort von Vera Lengsfeld: Chapeau! Und erneut trifft Ramin Peymani mit seinen Ausführungen ins Schwarze. Kurz und bündig dokumentiert er den abgehobenen Realitätsverlust großer Teile der politischen Kaste und der allzu häufig mit ihr verbandelten Medienvertreter."

"Das Buch ist ein Volltreffer und jeden Cent wert! Ein interessantes, aufklärendes und sehr gut recherchiertes Buch. Es werden viele brisante Themen und Bereiche ausgeleuchtet, die in den Medien natürlich nicht thematisiert werden."

"Dieses Buch liest sich wie ein spannender Krimi. Es eröffnet dem täglichen Zeitungsleser eine andere, sehr interessante Sichtweise auf die Geschehnisse unserer Zeit."

"Sehr gute Zusammenstellung der aktuellen Gemengelage in Deutschland. Macht betroffen und nachdenklich. Lesenswert!"

"Empfehlenswerte Lektüre für alle, die über den Tellerrand sehen möchten."

" Ruhig und sachlich und dennoch fesselnd geschrieben."

Ramin Peymani (Jahrgang 1968)

Der iranischstämmige Autor lebt im Rhein-Main-Gebiet und engagiert sich ehrenamtlich in der Kommunalpolitik. Als Kreistagsabgeordneter ist er nicht nur mit den politischen Strukturen, sondern auch mit den Prozessen innerhalb von Parteien bestens vertraut. Sie gehören für ihn zu den Hauptgründen für die zunehmende Bürgerferne und Realitätsverweigerung der politisch Verantwortlichen.

Der frühere Banker und langjährige Büroleiter des DFB-Präsidenten hat sieben Bücher veröffentlicht und schreibt regelmäßig für eine Reihe bekannter Debattenmagazine und Online-Zeitungen wie *Die Achse des Guten*, *Epoch Times* und *eigentümlich frei*. Er hält außerdem Fachvorträge und betätigt sich als Gastdozent.